DES
SOCIÉTES COOPÉRATIVES

DE

CRÉDIT AGRICOLE

THÈSE POUR LE DOCTORAT

PRÉSENTÉE

Par Pierre DURAN

Licencié en Droit.

TOULOUSE

V. RIVIÈRE, LIBRAIRE-ÉDITEUR

Librairie de Droit et de Jurisprudence

6, RUE DES LOIS, 6

1900

Toulouse. — Imp. [...]

DES

SOCIÉTÉS COOPÉRATIVES

DE

CRÉDIT AGRICOLE

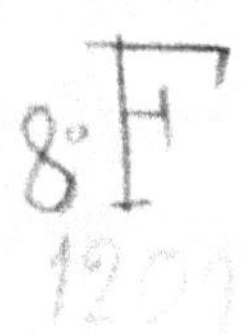

DES
SOCIÉTÉS COOPÉRATIVES
DE
CRÉDIT AGRICOLE

THÈSE POUR LE DOCTORAT

PRÉSENTÉE

Par Pierre DURAN

Avocat

TOULOUSE

V. RIVIÈRE, LIBRAIRE-ÉDITEUR

Librairie de Droit et de Jurisprudence

6, RUE DES LOIS, 6

1900

FACULTÉ DE DROIT DE TOULOUSE

MM. PAGET, ✻, Doyen, professeur de Droit romain.
DELOUME, ✻, professeur de Droit romain.
CAMPISTRON, professeur de Droit civil.
WALLON, professeur de Droit civil.
BRESSOLLES, professeur de Procédure civile.
VIDAL, professeur de Droit criminel.
HAURIOU, professeur de Droit administratif.
BRISSAUD, professeur d'Histoire générale du Droit,
ROUARD DE CARD, professeur de Droit civil.
MÉRIGNHAC, professeur de Droit international public et privé.
TIMBAL, professeur de Droit constitutionnel.
DESPIAU, professeur de Législation française des finances et
    de Législation et Economie industrielles.
HOUQUES-FOURCADE, professeur d'Economie politique,
FRAISSAINGEA, professeur de Droit commercial.
MARIA, agrégé, chargé des Cours d'histoire du Droit public
    français et histoire des doctrines économiques.
GHEUSI, agrégé, chargé des Cours de Droit maritime et de
    Droit civil comparé.
HABERT, secrétaire.
HUG, ✻, professeur honoraire.
POUBELLE, O. ✻, professeur honoraire.
J. DELOUME, suppléant.
TRINQUAT, suppléant.

Président de la Thèse : M. FRAISSAINGEA.

Suffragants { MM. HAURIOU.
              { HOUQUES-FOURCADE.

*La Faculté n'entend approuver ni désapprouver les opinions
particulières du candidat*

MEIS ET AMICIS

CHAPITRE PREMIER

Définition et conditions générales du Crédit agricole. Son utilité.

Les Sociétés coopératives de crédit sont les moyens les plus aptes à procurer le crédit à l'agriculture.

CRÉDIT AGRICOLE

Déjà vieille est la question du Crédit agricole. Il y a bien longtemps qu'a retenti le cri d'alarme : « L'agriculture se meurt ! » et qu'on a proposé pour remède de lui apporter des capitaux. Mais l'intérêt de la question n'est pas une affaire de date. Elle est toujours d'actualité, parce qu'elle est d'avenir, d'un avenir indéfini.

Par Crédit agricole, on devrait entendre tout crédit ayant une destination agricole, quelle que soit la nature du gage offert, quelle que soit la profession de l'emprunteur.

Mais l'usage distingue le Crédit foncier ou hypothécaire, basé sur un gage immobilier, du Crédit agricole proprement dit, basé, soit sur un gage

mobilier, soit sur la solvabilité même du débiteur.
L'un est réel immobilier, l'autre peut être, soit
réel, soit personnel. Réel, il ne peut être que mobilier et repose sur les récoltes et sur le matériel.
Personnel, il repose uniquement sur la personne
même de l'emprunteur, sur sa valeur intellectuelle
et morale, son instruction professionnelle, sa pro-
bité, son esprit d'ordre et d'économie. Le Crédit
foncier a pour but de constituer ou d'augmenter
le capital foncier; le Crédit agricole a pour but
de constituer ou d'augmenter le capital d'exploitation; il sert à procurer à l'agriculture les capitaux circulants destinés à acheter des semences,
des engrais, des machines, à payer des ouvriers.
— L'un a pour objet les entreprises à longue
échéance, telles que plantations, constructions,
drainages, améliorations considérables; il est ré-
servé aux emprunts que le débiteur ne pourra
rembourser avant de longues années. L'autre a
pour objet les opérations agricoles ne nécessitant
pas de dépenses trop fortes, dont l'effet est obtenu
au bout d'une très courte période d'années. L'un
considère la terre comme un moyen de crédit,
l'autre comme un but.

Nous ne nous préoccuperons que du Crédit
agricole proprement dit; car, si le Crédit foncier
est très avantageux pour le prêteur dont il assure
le remboursement, et la grande faveur que trouvent

dans le public les placements hypothécaires le
prouve, il est très dur pour l'emprunteur et im-
puissant par son organisation actuelle, par sa nature même, à satisfaire les besoins de l'agriculture. Il n'est pas possible pour les prêts à court
terme, car les dépenses ¹ énormes qu'il nécessite,

1. Voici, d'après M. Guillemet, député, les frais que
nécessite une obligation hypothécaire de 1000 francs
(*Off.*, Ch., 1890. Annexes, p. 1510).

DÉBOURSÉS DES NOTAIRES

Enregistrement, décime compris	12ᶠ	50
Timbre minute minimum	0	60
Timbre du répertoire	0	25
Timbre de la grosse (2 feuilles à 1,80)	3	60
Timbre des bordereaux (2 feuil. à 0,60)	1	20

INSCRIPTION

Droit 1 p. 1000	1	»
Timbre de l'inscription, environ	1	50
Timbre du dépôt	0	24
Timbre du bulletin	0	60
Salaire du conservateur pour l'inscription	1	»
Salaire du conservateur pour le dépôt	0	20
État d'inscription, en raison des inscriptions. Mémoire. Lorsqu'il n'y a pas d'inscription, le certificat négatif, timbre et honoraires	1	60

HONORAIRES DES NOTAIRES

Honoraires : 1ᵉʳ cent, 3 fr. ; les autres, 1 fr.	12	»
Rôles de la grosse, à 1 fr. 50 dans les chefs-lieux de canton, à 4 rôles	6	»
Bordereaux	3	»
Total	45ᶠ	29

ne se répartissant pas sur un assez grand nombre d'années, augmenteraient d'une façon par trop considérable les charges de l'emprunteur. — Il est impraticable pour les petits propriétaires et *pour les petits emprunts* [1], à cause des frais de toutes sortes qu'il exige (notaire, enregistrement, timbre), frais qui sont proportionnellement beaucoup plus élevés pour une petite somme que pour une grosse. — Il n'est pas enfin à la portée de tout le monde, puisqu'en France tout le monde n'a pas le bonheur d'être propriétaire. Et cependant, combien de petits propriétaires, de fermiers, de métayers, auraient intérêt à emprunter pour accroître leur capital d'exploitation !

Cette expression de Crédit agricole n'a pas été admise sans soulever de nombreuses et vives protestations.

« J'entends parler de Crédit agricole, disait M. Dupin, en 1848. Crédit agricole, Crédit industriel, Crédit commercial, qu'est-ce que tout cela

----

1. M. Caillaux, ministre des finances, a déposé, le 20 février 1900, un projet de loi tendant à modifier profondément les impôts assis sur les formalités hypothécaires. Ce projet réalise une répartition plus équitable de l'impôt ; il dégrève les petites transactions dont la propriété immobilière est l'objet, les ventes et les prêts consentis par les petits cultivateurs.

veut dire? Je ne connais qu'un seul Crédit et c'est toujours le même; habillez-le du nom que vous voudrez, on ne prête qu'à celui dont on a chance d'espérer remboursement, et c'est là tout le crédit. »

Soit, le Crédit agricole obéira à toutes les lois générales du Crédit. Mais il n'en est pas moins vrai qu'il présente des traits particuliers qui le distinguent du Crédit ordinaire fait à l'industriel et au commerçant, qu'il doit réunir certaines conditions spéciales nécessitées par sa destination même.

Il doit être à long terme, et cela en raison de la nature même des opérations agricoles qui sont par leur essence à longue échéance. C'est généralement à l'époque des semences que l'agriculteur a besoin d'argent pour acheter soit des bestiaux, soit des machines, soit des engrais; ce n'est que lorsque les récoltes ont poussé et qu'il les a réalisées, qu'il peut rembourser ses créanciers. Le cultivateur ne peut se contenter du Crédit commercial à 90 jours : un Crédit aussi court lui serait inutile, souvent même nuisible, car il faciliterait l'endettement. Beaucoup, pressés par le besoin immédiat, consentiraient de ces prêts à court terme, mais, l'échéance venue, seraient dans l'impossibilité de faire face à leurs engagements et n'auraient d'autres ressources que les usuriers. Il faut que l'échéance soit fixée à un terme assez éloigné pour que l'agriculteur ait le temps de retirer l'argent emprunté de l'opération dans laquelle il l'a engagé.

Il doit être à bon marché et au meilleur marché possible. Plus le taux de l'intérêt sera bas, plus il y aura d'opérations qui pourront être tentées avec profit ; cela est vrai pour toutes les industries et principalement pour l'industrie agricole. « On peut regarder le taux de l'intérêt comme une espèce de niveau au-dessous duquel tout travail, toute culture, toute industrie, tout commerce cessent. C'est comme une mer répandue sur une vaste contrée ; les sommets des montagnes s'élèvent au-dessus des eaux et forment des îles fertiles et cultivées.

« Si cette mer vient à s'écouler, à mesure qu'elle descend, les terrains en pente, puis les plaines et les vallons paraissent et se couvrent de productions de toute espèce. Il suffit que l'eau monte ou baisse d'un pied, pour inonder ou pour rendre à la culture des plages immenses [1] ».

Il faut enfin que l'agriculteur puisse se libérer par acomptes et que ces acomptes soient calculés de façon à coïncider avec ses recettes. Il emploie

---

1. TURGOT. *Réflexions sur la distribution et la répartition des richesses*, p. 89.

ainsi à amortir sa dette les économies qu'il peut faire et qu'il aurait été tenté de dépenser d'une manière improductive sans la faculté de ces paiements échelonnés. C'est une sage mesure d'épargne et de prévoyance.

L'étude du Crédit agricole consistera dans l'examen de ces diverses conditions spéciales que doit réunir le Crédit pour être vraiment utile à l'agriculteur. Il consistera à rechercher comment on pourra mettre le crédit à la portée du petit cultivateur, de manière à ce que ce crédit lui serve, et de manière à ce que le prêteur ne soit pas induit en perte.

Mais, avant de commencer cette étude, il faut nous demander si le Crédit est vraiment utile, et s'il n'est même qu'une source de ruine pour les agriculteurs, comme certains le prétendent. Certes, nous ne le nions pas, le Crédit peut présenter des dangers. Mais, comme le dit M. Cauwès, « le péril, s'il y en a un, est non d'avoir la facilité du crédit, mais le mauvais usage qui pourrait en être fait [1] ». C'est à l'agriculteur à savoir se guider, à n'employer ses capitaux que dans des œuvres utiles et profitables. S'il fait un emprunt de consommation, le Crédit ne pourra que le tirer mo-

---

1. *Économie politique*, 3ᵉ éd., II, p. 442.

mentanément d'embarras pour faire dans la suite peser sur lui plus lourdement sa dette. De même l'emprunt contracté pour acquérir un fonds rural sera généralement nuisible, car notre acheteur se trouvera ensuite sans les ressources, sans le capital nécessaire pour faire fructifier et faire valoir convenablement cette terre. Il en est tout autrement si le cultivateur emprunte, non pour consommer d'une manière improductive ou pour augmenter son capital foncier, mais pour accroître sa production, pour augmenter son capital d'exploitation. S'il faut en croire l'expérience courante, le capital engagé dans l'exploitation agricole rapporte 8, 10, 15 pour 100; et M. Méline, peut-être trop optimiste, nous dit : « L'expérience constante de nos champs de démonstration est là pour établir que l'argent employé avec discernement en achats d'engrais et de semences peut donner, par l'excédent même de la production qu'ils procurent, des bénéfices qui sont en moyenne d'au moins 15 ou 20 °/₀ et qui vont même jusqu'à 60 °/₀. » La productivité de l'industrie agricole est donc suffisante pour assurer la reproduction du capital employé et pour donner en outre un profit rémunérateur.

On craint d'autre part de voir nos cultivateurs, trop confiants dans les dires de la science agricole encore mal établie, se lancer dans des entreprises hasardeuses, dans des améliorations coûteuses et sans résultat certain, qui les conduiront à la ruine. Si l'on veut que le paysan ne se jette à l'aveugle dans des entreprises périlleuses, on n'a qu'à répandre à profusion dans nos campagnes l'enseignement agricole; on n'a qu'à montrer à nos agriculteurs les engrais, les semences, les machines qu'ils ont intérêt à employer, les modifications qu'ils doivent apporter à leur mode de culture; on n'a qu'à les mettre en garde contre certaines exagérations ou certaines méthodes encore peu sûres. D'ailleurs, à ce dernier point de vue, il faut tenir compte de la prudence, souvent même excessive, du paysan français, qui regarde avec méfiance toutes les innovations et qui ne consent à adopter les nouvelles méthodes que lorsqu'elles sont consacrées par l'expérience. On aura plutôt à lutter contre sa routine, qu'à le prévenir contre des entraînements irraisonnés.

Si l'on veut enfin que l'agriculteur ne se laisse griser, tenter par le crédit que l'on met à sa portée, si l'on veut qu'il ne gaspille follement l'argent mis à sa disposition, on n'a qu'à exiger de lui la connaissance de l'emploi qu'il veut faire des sommes prêtées, on n'a qu'à veiller à ce que ces prêts reçoivent bien la destination qui leur a été assignée.

Ainsi donc, en lui-même, le crédit n'est ni un bien, ni un mal; tout dépend de l'usage qui en est fait. Le paysan peut recourir au crédit sans se ruiner, le doit même souvent pour améliorer les conditions de son exploitation. Croit-on d'ailleurs que le cultivateur ne puisse pas se ruiner si l'on n'a pas organisé le Crédit agricole? Il trouvera toujours à emprunter : les usuriers sont toujours là qui lui tendent les bras.

D'où vient pour l'agriculture ce besoin subit de crédit, alors que dans le passé elle ne souffrait point de ce manque d'argent?

C'est qu'autrefois l'agriculture n'usait pas de méthodes perfectionnées, mais coûteuses.

C'est qu'autrefois l'argent comptant était moins rare à la campagne; les caisses d'épargne, les valeurs mobilières, actions, obligations, n'avaient pas encore drainé à la ville tous ces petits capitaux que les paysans enserraient jalousement dans leur bas de laine et qu'ils prêtaient à leur voisin, quand celui-ci avait besoin de quelques avances.

C'est qu'autrefois les prêteurs étaient plus nombreux, parce que l'agriculture, plus prospère, donnait plus de bénéfices et permettait de mieux rembourser qu'aujourd'hui.

Mais les temps ont changé.

Aujourd'hui l'agriculture, pour être productive, exige des capitaux de plus en plus considérables ; la culture est plus perfectionnée, plus intensive. Il faut que le paysan tienne compte de l'évolution commandée par les progrès de la science et qu'il recoure à l'emploi de semences sélectionnées, d'engrais chimiques, de machines nouvelles. Il faut qu'il augmente sans cesse sa production et ses rendements. Dans l'industrie agricole, comme dans les autres industries, il faut produire beaucoup et à bon marché : ce sont les pays qui produisent au meilleur marché qui feront la loi aux autres. Pour pouvoir lutter avec succès contre la concurrence étrangère qui vient avilir les prix de vente, le paysan français doit augmenter sans cesse sa production : l'élévation des rendements compensera la diminution des prix.

Aujourd'hui, tous les capitaux se portent vers d'autres objets que la production agricole ; ils cherchent partout des placements plus fructueux, plus rémunérateurs.

Aujourd'hui, les prêteurs se font rares, parce qu'ils considèrent l'agriculture comme une profession si peu lucrative qu'ils estiment que leur argent est compromis. D'une part, la main-d'œuvre, les salaires des journaliers augmentent, les impôts vont croissant. D'autre part, les années sont mauvaises, les produits agricoles subissent sur le marché une dépréciation notable. Les dépenses augmentent alors que les revenus diminuent. Si l'on ajoute à cela la réputation, d'ailleurs méritée par nos paysans, de ne pas être exacts à l'échéance et d'être de mauvais payeurs, on ne s'étonnera plus du manque de crédit actuel de l'agriculture.

Et ce crédit, dont autrefois le cultivateur ne sentait même pas le besoin, est aujourd'hui pour lui de toute utilité, de toute nécessité. C'est pour lui une question de vie ou de mort.

Lui donner du crédit, c'est le sauver des usuriers, l'empêcher de tomber dans leurs mains redoutables, entre lesquelles se fondent si rapidement toutes les richesses par lui lentement amassées.

Lui donner du crédit, c'est lui permettre d'attendre le moment favorable pour vendre sa récolte ; c'est l'empêcher de se défaire de sa marchandise alors que l'encombrement des céréales sur le marché est une cause bien connue de l'avilissement des prix. C'est le mettre à l'abri des agioteurs, des accapareurs, de tous ces intermédiaires improductifs qui sont à l'agriculture ce que le frelon est à la ruche.

Lui donner du crédit, c'est lui permettre de se procurer les nouveaux éléments de fertilisation que la science découvre tous les jours, les engins que la mécanique crée pour suppléer au défaut des bras et accélérer la rapidité du travail. C'est diminuer ses frais, c'est accroître sa production.

Lui donner du crédit, c'est lui permettre de vivre de la terre, d'être nourri par elle. C'est apporter un remède à cette exode toujours grossissante, menaçante, des campagnes vers les villes. C'est faire œuvre sociale.

Mais comment donner ce crédit aux agriculteurs ?

On ne peut le créer artificiellement ; il ne se décrète pas, il se gagne. Il repose sur la confiance qu'inspire l'emprunteur et se mesure à elle ; et cette confiance ne s'impose pas, elle se mérite. Chercher à donner du crédit au cultivateur, ce sera donc chercher à porter à son maximum le développement des garanties soit matérielles, soit morales qu'il peut donner.

On s'est aussi beaucoup préoccupé de tout temps d'augmenter les garanties réelles que peut offrir l'agriculteur. On a proposé, mais sans succès, de modifier notre Code civil qui déclare immeubles par nature les récoltes pendantes et les coupes futures (art. 520 et 521), et immeubles par destination les objets que le propriétaire a placés dans son fonds pour en assurer le service et l'exploitation (art. 524). Cette réforme serait, dit-on, un présent dangereux que l'on ferait au cultivateur. Quand il est obligé, pour se procurer de l'argent, d'engager ses récoltes en herbe, ses instruments de travail, ses bestiaux, il n'est plus en situation de faire un bon usage du crédit et il vaut mieux qu'il n'en obtienne pas.

On a voulu créer des magasins généraux agricoles : les cultivateurs pourraient déposer leurs récoltes dans ces magasins et recevraient des titres qui seraient facilement pris par tout le monde. Mais par le seul fait de déposer sa récolte dans des magasins généraux, ne serait-ce pas pour l'agriculteur reconnaître qu'il n'inspirait pas assez de confiance pour trouver des prêteurs ; ne serait-ce pas avouer son besoin d'argent, sa détresse, et diminuer ainsi son crédit au lieu de le fortifier ? Regardons ce qui se passe dans le commerce pour les magasins généraux ; il servent d'entrepôts pour les commerçants qui n'ont pas de locaux suffisants pour déposer leurs marchandises. Ils rendent de très grands services en tant que docks, mais bien peu en tant qu'instruments de crédit.

La loi du 18 juillet 1898[1], sur les warrants agricoles, a enfin organisé le gage sans déplacement et modifié ainsi l'article 2076 du Code civil. Désormais le cultivateur peut engager ses produits sans s'en dessaisir. Cette loi est très bonne en théorie ; mais elle suppose que l'agriculteur, assez intelligent pour oser innover et warranter ses pro-

---

1. Les lois du 11 juillet 1851 et du 24 juin 1874, avaient déjà accepté le principe du nantissement sans déplacement, en autorisant, au profit des banques coloniales, l'engagement des récoltes pendantes.

duits, trouvera une banque voulant escompter son papier et l'escompter à bon marché. Elle suppose l'organisation du Crédit agricole. On avait fait de cette loi la préface de l'œuvre de crédit, alors qu'elle doit en être le couronnement !

On a enfin, toujours pour accroître le gage réel mobilier, voulu réduire les privilèges de l'article 2102 du Code civil qui viennent l'amoindrir. Et la loi du 19 février 1889 a restreint le privilège du propriétaire. Ces privilèges sont là pour assurer du crédit à l'agriculteur, et, les supprimer ou les restreindre, c'est aller à l'encontre du but qu'on se propose. Si, par exemple, le propriétaire n'avait pas de privilège, il affermerait plus cher sa terre pour se couvrir des risques plus forts, ou bien encore, comme en Italie, exigerait le paiement anticipé des fermages.

Ce n'est donc pas dans le développement factice du crédit réel mobilier qu'il faut chercher la solution de la question du Crédit agricole. C'est dans le développement du crédit personnel. « Ce qu'il faut donner à l'agriculteur, nous dit M. Méline, c'est le crédit personnel, le crédit qui repose sur sa valeur propre, sur ses capacités professionnelles, sur son esprit d'ordre et d'économie, sur les garanties de toute nature qu'il fournit à celui qui lui prête ». La vraie base du crédit, c'est la valeur personnelle du cultivateur.

Au point de vue économique, au point de vue moral, le crédit personnel est supérieur au crédit réel, qui, reposant sur un gage matériel, laisse le prêteur absolument indifférent à l'emploi des fonds. Dans le crédit personnel, qui ne repose que sur les qualités personnelles de l'emprunteur, que sur des garanties purement morales, le prêteur est directement intéressé à ce que ses fonds soient employés d'une façon lucrative, productive ; il est intéressé au bon résultat de l'entreprise, à ce qu'il y ait des bénéfices réalisés, qui permettront seuls le remboursement du capital et des intérêts. Il s'inquiètera donc, avant de prêter, de la valeur morale et intellectuelle de l'emprunteur, de la productivité probable de l'entreprise. Il ne consentira des prêts qu'à ceux qui le mériteront et rien que pour des œuvres utiles.

Mais le crédit personnel de l'agriculteur est très limité. Cela tient tout d'abord au caractère civil de l'engagement contracté par le cultivateur. La juridiction civile, avec ses lenteurs et sa cherté devenues proverbiales, effraie et décourage les prêteurs. Aussi depuis longtemps a-t-on demandé la commercialisation des effets agricoles ; les commissions de 1866 et de 1880 la réclamèrent ; mais l'entente sur ce point n'a pu encore se faire entre le Sénat et la Chambre des députés. Quoiqu'il en soit, il résulte de la loi du 7 juin 1894 qu'en employant la forme de la lettre de change, qui peut actuellement être tirée d'un lieu sur le même lieu, tout agriculteur peut, quelle que soit la cause de ses engagements, leur conférer le caractère commercial.

L'agriculteur enfin vit retiré, isolé dans son village, loin des capitalistes dont le concours pourrait lui être utile. Sa situation personnelle n'est pas connue comme celle d'un industriel, d'un commerçant, dont on peut apprécier les ressources et la solvabilité. Sa bonne renommée est confinée dans un cercle très étroit. Il ne peut s'adresser aux banques, aux grands établissements de crédit qui l'ignorent et qui, dans ces conditions, ne peuvent lui prêter. Jadis, le fermier, le métayer avaient un banquier naturel dans leur propriétaire ; mais la crise agricole que nous traversons a fort amoindri les fortunes rurales ; les propriétaires ont vu leurs fermages baisser, leurs revenus diminuer d'une manière progressive, et ils ont aujourd'hui bien souvent plus besoin de crédit qu'ils n'ont le moyen d'en faire à leurs fermiers. Les notaires de campagne procurent encore quelques fonds aux paysans, mais de plus en plus difficilement ; ils exigent d'ailleurs la plupart du temps un gage hypothécaire.

De ce crédit personnel, il faut demander le développement aux principes féconds de l'association et de la mutualité.

On hésite à prêter à un paysan isolé, parce que son engagement ne vaut que par ses propres qualités, encore y a-t-il les risques d'incapacité de travail et de mort. Mais que nos cultivateurs s'assemblent et s'unissent, au besoin, par les liens de la solidarité; qu'ils s'engagent à payer non seulement leurs propres dettes, mais encore celles de ceux d'entre eux qui ne pourraient faire face à leurs engagements, le risque disparaissant, on n'hésitera plus à leur prêter. L'association, comme le dit Platon, aura fait, « avec l'impuissance de chacun, la puissance de tous ». L'obligation solidaire de plusieurs centaines d'agriculteurs ayant intérêt à se recruter avec soin puisqu'ils répondent les uns pour les autres, ne constitue-t-elle pas en effet une très grande garantie matérielle et morale? Le meilleur gage pour le prêteur n'est-il pas dans cette caution des agriculteurs voisins, amis de l'emprunteur?

Il faut donc chercher la solution du Crédit agricole dans le groupement des intéressés, dans la création d'associations coopératives de Crédit agricole.

Ces Sociétés coopératives n'ont pas que ce résultat de multiplier le crédit individuel et d'abaisser le crédit à la portée de ceux qui ne pouvaient y atteindre. Elles ne permettent pas seulement de procurer aux cultivateurs l'argent qui leur est nécessaire, mais encore elles le leur procurent de façon à ce qu'il leur soit vraiment utile, de façon à ce qu'il leur serve.

Mieux que toute autre institution, elles peuvent, parce que leur but n'est pas de réaliser des bénéfices, faire des prêts de longue durée, remboursables par annuités et à un taux minime.

Mieux que toute autre, elles permettent de n'accorder le crédit qu'avec discernement et avec sécurité, parce qu'elles connaissent les emprunteurs, leurs besoins, leurs ressources, leur moralité, leur solvabilité.

Mieux que toute autre, elles peuvent surveiller le bon emploi, l'emploi productif de l'argent prêté, parce que « elles seules peuvent exercer sur leurs membres une discipline à la fois douce et ferme, discipline d'autant plus acceptée que les membres de la Société sont à la fois prêteurs et emprunteurs, et que tous participent à ses profits et à ses pertes. »

Nos paysans, jusqu'ici isolés et par conséquent faibles, doivent donc s'unir et demander à l'association, à la mutualité, les ressources et la force dont ils ont besoin pour soutenir la lutte sur le champ de la production.

Nous allons tout d'abord étudier à l'étranger les Sociétés coopératives de Crédit agricole, car la France, au point de vue du Crédit agricole, loin de précéder dans la voie du progrès les autres pays, n'a fait que marcher de loin à leur suite. Ce n'est qu'après avoir vu leurs efforts, leurs tentatives couronnées de succès qu'elle s'est décidée à aller à son tour de l'avant et à s'engager dans le même chemin qu'eux, en mettant à profit leurs leçons acquises par l'expérience. C'est pourquoi il est nécessaire de savoir ce qui a été fait à l'étranger pour expliquer ce qui a été fait en France.

CHAPITRE II

Les Sociétés coopératives de Crédit agricole
à l'étranger.

ALLEMAGNE

L'Allemagne[1] est de tous les pays celui qui a
résolu le mieux la question du Crédit agricole;
elle est, on peut le dire, le berceau du Crédit mutuel.

Dès le XVIIIe siècle, nous trouvons une application du principe de la mutualité et de la coopération dans les Landschaften, Associations coopératives de Crédit rural hypothécaire, dans lesquelles
les propriétaires mettent leur crédit en commun
pour se procurer à de meilleures conditions l'argent
dont ils ont besoin. Le succès de ces Lands-

---

1. Voir : DURAND, *Le Crédit agricole*, p. 161; Hans
CRUGER, *Revue d'économie politique*, 1892, p. 967.

chaften a préparé le terrain pour l'établissement des institutions de Crédit mutuel et habitué les esprits à la pratique de la responsabilité solidaire.

Mais c'est surtout en matière de crédit personnel que l'idée féconde d'association a rendu les plus grands services, grâce à l'adoption du principe de la solidarité illimitée. C'est ce principe qui est à la base des institutions Schulze-Delitzsch et des associations du type Raiffeisen.

ASSOCIATIONS D'AVANCES DE SCHULZE-DELITZSCH
(VORSCHUSSVEREINE)

C'est en Écosse que M. Schulze-Delitzsch a pris le type de ces Sociétés qu'il a eu le mérite d'élever à l'état d'institution. Dans ce pays, les unions mutuelles sont nées d'elles-mêmes ; des paysans se réunissaient, s'entendaient pour une affaire commune, et allaient trouver le banquier, duquel ils obtenaient, à l'aide de la solidarité, en se cautionnant mutuellement, les sommes qui leur étaient nécessaires. C'est en appliquant ce principe de la solidarité que M. Schulze a créé en 1850 la première de ses Sociétés à Delitzsch, sa ville natale.

M. Schulze veut procurer du crédit, non aux riches, mais aux classes pauvres, aux populations urbaines en particulier, ouvriers et petits commerçants. Il est frappé de ce fait qu'un capital infime, mis à la disposition d'un ouvrier laborieux, économe, intelligent, suffit souvent pour changer du tout au tout sa position. Et il veut améliorer la condition matérielle de ces ouvriers en leur donnant le moyen de trouver du crédit. Ce premier but, il l'atteint en inspirant confiance aux capitalistes par l'offre qu'il leur fait de la garantie solidaire des associés et de la garantie d'un capital social. Il ne veut pas faire appel à la charité qui détruit toute activité, tout esprit d'initiative, qui fait que l'individu attend tout des autres et rien de lui. Il veut que l'individu ne compte que sur lui-même, et que, par ses efforts, son économie, il arrive à mériter le crédit qu'il demande. Il veut moraliser l'homme, en développant chez lui l'amour du travail et de l'ordre; il poursuit ce deuxième but tout moral, en poussant l'associé à l'épargne pour avoir droit à une part sociale et avoir droit ainsi à la répartition des bénéfices réalisés par la Société.

Cette responsabilité solidaire des associés est la base de tout le système. Elle est indispensable pour attirer la confiance des prêteurs dont les créances ne seraient pas suffisamment gagées par le capital social trop minime. On remplace l'apport insuffisant des capitaux en offrant en garantie le travail et l'honorabilité des membres de l'Association.

Aussi, dans les débuts, les Vorschussvereine ne devaient-ils faire des opérations qu'avec ses membres, c'est-à-dire avec ceux qui n'avaient pas reculé devant les charges de la solidarité. Mais, peu à peu, ils ont été amenés, par la force même des choses, à s'écarter des principes de la coopération ; ils ont été obligés de faire des prêts à des étrangers, pour occuper et rendre productifs les capitaux que ne parvenaient pas à absorber les besoins de ses associés et qui restaient inoccupés dans ses caisses. Et aujourd'hui, en fait, ils accordent du crédit à tout client qui leur paraît solvable.

Les Vorschussvereine offrent de plus aux capitalistes, comme garantie, un capital social. Comme il résulte des épargnes des associés, c'est une garantie matérielle et morale, puisqu'il démontre que les membres du Vorschussverein sont des gens travailleurs, économes et, par conséquent, dignes de confiance et de crédit.

Ce capital social se divise en deux parties : l'une appartient à l'Association ; les associés n'y ont aucun droit : c'est la réserve ; l'autre appartient en propre à chaque associé : c'est sa part sociale.

La réserve a pour but de couvrir toutes les pertes possibles sans qu'on soit obligé d'entamer le capital-actions et de permettre à l'Association de continuer ses opérations de banque, alors même qu'un grand nombre d'associés se seraient retirés en reprenant leur apport.

Cette réserve s'obtient : 1° Par un prélèvement sur les bénéfices de 15 à 20 % les premières années, réduit plus tard entre 5 et 10 % sur les bénéfices nets.

2° Par les droits d'admissions payés par les nouveaux sociétaires, droits qui sont proportionnels à l'importance de la réserve déjà constituée et qui correspondent à la part qui leur reviendrait de cette réserve, qu'ils n'ont pas contribué à fonder, en cas de dissolution de l'Association. En pratique, on ne dépasse pas le chiffre de dix marks (12 fr. 50), pour ne pas détourner de l'Association les gens peu aisés. Mais on ne veut pas que cette réserve puisse s'accroître indéfiniment : le maximum de la réserve adoptée est généralement de 10 % du capital-actions.

A côté de cette réserve se trouve le capital-actions, qui appartient individuellement à chaque associé ; le chiffre de l'action, relativement élevé, varie entre 100 et 200 thalers (375 et 750 francs). Quiconque veut faire partie du Vorschussverein doit souscrire une action ou part, qu'il acquitte par versements *mensuels* très minimes, généralement un mark ou un demi-mark (1 fr. 25, 0 fr. 63), avec faculté de libération plus rapide.

Chaque sociétaire n'a droit qu'à une action ;

Schulze a voulu éviter par cette règle que l'influence des gros capitalistes n'y devint prépondérante. La loi de 1868 était muette sur ce point de savoir si on pouvait posséder plusieurs parts sociales ; mais la loi du 1er mai 1889, qui donne aux Sociétés coopératives la faculté d'admettre la responsabilité limitée, édicte, avec assez de logique, que dans une Société à responsabilité illimitée, un associé ne peut pas se charger de plusieurs parts sociales, puisqu'il ne peut pas augmenter l'étendue de sa responsabilité sociale. En revanche, dans les Sociétés à responsabilité limitée, chaque membre n'étant engagé que pour un multiple de sa part sociale, il n'y a pas d'inconvénient à permettre qu'un seul membre possède plusieurs actions.

L'action est un chiffre d'épargne que l'associé doit s'efforcer d'atteindre. Cette préoccupation constante d'économie donne à l'ouvrier des habitudes d'ordre et d'épargne. L'ouvrier est incité, d'autre part, à faire des économies plus grandes, parce qu'il aura d'autant plus de crédit que son épargne sera plus importante, quoique la proportionnalité du crédit à l'avoir social de chaque membre ne soit pas une règle absolue, et enfin parce que les bénéfices sont répartis sous forme de dividendes entre les associés proportionnellement à leur avoir social. Ces bénéfices représentent la différence entre le taux des capitaux empruntés et le taux des capitaux prêtés.

Car si le Vorschussverein veut prospérer, il doit emprunter ; il ne peut pas opérer avec ses seuls capitaux : les frais généraux absorberaient le plus clair des bénéfices. Et ces capitaux, il se les procure facilement sous forme de dépôts, parce que, prétant à sa clientèle à un taux relativement élevé, il peut donner aux déposants une rémunération convenable. Il recrute sa clientèle spécialement dans les classes inférieures de la société, dans ces mêmes classes qui lui demandent du crédit ; il draine et centralise les capitaux les plus infimes et leur donne l'utilité la plus grande ; il permet à l'ouvrier de placer chez lui ses petites économies qu'il aurait gardées inactives, et, par l'intérêt assez élevé qu'il donne, stimule l'épargne.

Ces dépôts ont, il est vrai, l'inconvénient des dépôts retirables à vue dont l'utilisation présente de grandes difficultés ; aussi, pour parer à des retraits imprévus et trop considérables, les Vorschussvereine se réservent-ils le droit de ne payer qu'une certaine somme déterminée et d'exiger un préavis de quelques jours pour des retraits plus importants. C'est encore par mesure de précaution que Schulze recommande de limiter le total des dépôts que peut recevoir le Vorschussverein.

C'est avec ces ressources, capital social et dépôts, que le Vorschussverein procure le crédit à ses membres et souvent aussi à des tiers, en fai-

sant des avances en numéraire contre une obligation civile non négociable, en escomptant les billets à ordre et les lettres de change, en ouvrant
des comptes-courants.

Le crédit ainsi accordé à chaque client dépend
naturellement de l'état de la caisse, des besoins du
client et de sa solvabilité. Schulze recommande
de limiter d'une façon absolue le maximum du
crédit à accorder à l'emprunteur, de manière à ce
que, quelle que soit sa solvabilité, ce maximum, le
quart ou le cinquième du capital social d'après lui,
ne puisse être dépassé. Généralement, et en vertu
des statuts, le sociétaire a droit d'emprunter, sur
sa simple garantie, toute somme dont le montant
ne dépasse pas celui de sa part dans le fonds social ; il a également droit d'emprunter, avec la garantie d'un ou de plusieurs de ses co-associés,
toute somme dont le montant ne dépasse pas celui
de sa part et des parts de ses répondants.

Pour connaître la solvabilité du client, le conseil d'administration prend ses informations et
dresse chaque année une liste des sociétaires avec
le crédit qui peut être accordé à chacun. Mais,
pour assurer le remboursement, il faut, dans tous
les cas, recourir à une garantie extérieure, et le
Vorschussverein ne prête que sur caution, garantie excellente, sur hypothèque, moyen peu pratique pour un prêt à court terme, à trois mois, et

enfin sur gage, qui consiste le plus souvent en
titres déposés.

Si maintenant nous examinons les Vorschussvereine au point de vue exclusif dont nous nous oc-
cupons, au point de vue du Crédit agricole, nous
devrons reconnaître qu'ils sont plutôt appropriés
aux besoins des classes urbaines et qu'ils ne peuvent être d'une grande utilité pour les populations
rurales.

Ils n'admettent pas, tout d'abord, d'échéance à
plus de trois mois. Et l'agriculteur a besoin de
délais plus longs; il lui faut aussi la faculté de se
libérer par paiements fractionnés. Or, M. Schulze
condamne et les uns et les autres.

L'agriculture veut, de plus, que le taux de l'intérêt
payé par elle soit très bas. Or, le taux ordinaire,
le plus faible des Vorschussvereine est de 4 %;
mais, avec l'adjonction de 0 fr. 25 par mois à titre
de commission, il est en réalité de 7 %. Cela tient,
d'une part, à ce que les administrateurs des Vorschussvereine sont rémunérés : ils ont un traitement fixe et un tant pour cent sur les bénéfices.
Et, d'autre part, cela tient surtout à ce que
M. Schulze veut attirer les capitaux par de gros dividendes; il sacrifie le crédit à l'épargne, qu'il veut
favoriser à cause de ses effets moraux et sociaux.
Il prétend bien, en vérité, que les lourds intérêts
ne préjudicient pas aux emprunteurs, parce que

ceux-ci, étant sociétaires, voient leurs dividendes augmentés par le taux de l'intérêt : ce qu'ils perdent d'un côté, ils le gagnent de l'autre. Mais, pour que cela soit vrai, il faudrait répartir les dividendes aux emprunteurs en proportion des intérêts et provisions payés par chacun. Il n'en est pas ainsi ; et ce sont les riches qui, ayant flairé dans le Vorschussverein un bon placement pour leur capital, profitent des hauts dividendes que les pauvres paient à leur profit.

Enfin, ces Associations d'avances sont des banques populaires générales prêtant à tout le monde : ouvriers, industriels, commerçants, agriculteurs.

Ce sont des banques dans le vrai sens du mot. Elles ont donc besoin d'être dirigées par des hommes d'une grande valeur, d'une compétence financière qu'on rencontrerait très difficilement dans le fond des campagnes. Leur organisme est très délicat, très fragile, et risquerait de se briser dans les mains un peu rudes des paysans.

Pour toutes ces raisons, les Vorschussvereine ne pouvaient rendre de grands services à l'agriculture, et si nous trouvons 26 % d'agriculteurs dans ces Sociétés, c'est que si le Vorschussverein est un mauvais instrument de Crédit agricole, c'est une excellente caisse d'épargne, et beaucoup de cultivateurs, inscrits comme membres de ces Associations, ont plutôt en vue l'établissement d'épargne que l'établissement de crédit [1].

Le nombre des Vorschussvereine ne fait que croître : en 1859, on comptait 80 de ces Sociétés ; en 1870, 906 ; en 1890, 2.000 ; en 1896, 3.000 environ. Ce développement s'explique par les services qu'ils rendent aux populations urbaines.

Chaque année, un congrès de toutes ces Sociétés se réunit dans une ville de l'empire ; là, on agglomère tous les comptes rendus, tous les bilans ; on

---

1. Statistique du personnel des banques populaires dressée en 1888 (*Revue des institutions de prévoyance*, II, année 1888, p. 103).

	Pour cent.
Artisans indépendants	29,4
Cultivateurs sur leurs propres biens, jardiniers, maraîchers, etc.	26,8
Commerçants	9,5
Rentiers	7,8
Médecins, pharmaciens, artistes, employés	6,5
Agents de transports, aubergistes, débitants, etc.	5,0
Ouvriers de fabrique	4,8
Fabricants, carriers, constructeurs, etc.	3,4
Journaliers ruraux, bûcherons, etc.	3,1
Facteurs, garçons d'hôtel, bateliers, etc.	2,0
Gens de service	1,0
Commis-marchands	0,7
	100,0

en compare et on en additionne les résultats, on propose les réformes et l'on fortifie l'action commune.

La fédération générale de ces Associations a créé une banque centrale, dont le capital actuel est de 28 millions de marks, la banque Sœrgel Parrisius et Cie, avec siège social à Berlin et succursale à Francfort. Le mouvement d'affaires a été en 1887 de 2 milliards 783 millions.

CAISSES RAIFFEISEN

Les quelques services que les Vorschussvereine rendaient à l'agriculture ne s'adressaient qu'à la grande et à la moyenne culture ; la petite culture ne profitait que très peu des prêts agricoles qu'ils consentaient. Mais nous rencontrons un autre réformateur en Allemagne, qui s'est précisément donné comme but de mettre le crédit à la portée des autres, des humbles et surtout des petits cultivateurs. C'est Raiffeisen.

Raiffeisen fonda la première de ses Caisses à Flammersfeld, en 1849, un an avant la fondation du premier Vorschussverein par Schulze. Les débuts de ces institutions furent très modestes, très pénibles même ; mais elles ont fait depuis leurs preuves et se sont répandues avec une merveilleuse rapidité.

Comme les Sociétés du type Schulze, elles sont fondées sur le principe de la solidarité illimitée : toutes les obligations sont garanties solidairement par tous les membres. Mais, en réalité, elles n'ont guère d'autre point de ressemblance.

Ces Caisses de prêts (Darlehenskassen) se proposent, comme les Vorschussvereine, l'amélioration de la condition des classes laborieuses et la moralisation de l'individu. Mais tandis que Schulze veut améliorer l'homme en développant chez lui le sentiment de l'épargne, Raiffeisen veut arriver au même résultat par l'organisation d'une sorte de patronage exercé par la partie riche et éclairée de la population agricole sur les cultivateurs nécessiteux. « L'argent, dit Raiffeisen, n'est pas le but de la Darlehenskasse, mais le moyen : leur véritable mission est bien plutôt d'améliorer la situation de leurs membres au point de vue moral et matériel, et, dans ce but, de leur procurer les capitaux nécessaires sous forme de prêts à intérêts, sous la garantie de l'Association, et aussi le moyen de faire fructifier leur argent ». Le Vorschussverein a sacrifié son but matériel à son but moral, le crédit à l'épargne ; la Darlehenskasse a su éviter cet antagonisme entre le but moral qu'elle poursuit et le but matériel du crédit.

L'Association emprunte les capitaux nécessaires à ses membres qui sont tous solidaires les uns des autres et les leur prête suivant leurs besoins.

Elle a généralement pour limites le territoire de la commune où tous ses membres doivent résider.

Ses bénéfices servent à constituer un fonds de réserve inaliénable. Il n'y a pas de répartition de dividendes entre ses membres.

Elle ne possède pas de capital social autre que ce fonds de réserve. Les associés ne font donc aucun versement ; il serait en effet difficile à l'agriculteur de prélever, sur des bénéfices assez espacés, des versements mensuels ; il n'a pas, comme l'ouvrier, de l'argent comptant d'une manière continue. Il n'aime guère à se dessaisir d'une somme même très modique. On a tenu compte de ces faits et c'est pourquoi les membres des Darlehenskassen ne possèdent pas, comme dans les Vorschussvereine, une part sociale dont le montant puisse constituer un premier fonds d'exercice pour la caisse.

Enfin, l'administration est essentiellement gratuite ; le caissier seul reçoit un traitement.

On voit par ces traits essentiels des Darlehenskassen, qu'elles sont plus aptes que les Vorschussvereine à la diffusion du Crédit agricole.

L'organisme de la Darlehenskasse est tout d'abord très simple. « Ce sont de petits mécanis mes que le maire, le médecin et le curé du village font fonctionner en se réunissant le dimanche après la messe ».

Les Darlehenskassen sont des banques locales opérant sur place, dans un territoire très limité, comprenant deux mille âmes au plus; ce sont de petites banques de famille composées de gens se connaissant bien. Elles sont tout près des emprunteurs à qui elles évitent ainsi des déplacements longs et coûteux. Quand un agriculteur veut emprunter, il adresse une demande au Conseil d'administration de la Caisse, indiquant l'emploi qu'il veut faire de la somme qu'il juge lui être nécessaire et les ressources sur lesquelles il compte pour rembourser. Les administrateurs ont des facilités exceptionnelles pour se bien renseigner. Dans le village, en effet, chacun est au courant des affaires de son voisin, connaît sa situation, et chacun dit ce qu'il sait, parce qu'il a un trop grand intérêt à éviter une mauvaise affaire à la Caisse rurale. On ne consent des prêts qu'à des agriculteurs dont les qualités sont connues et pour des œuvres dont on peut apprécier l'utilité. On n'accorde du crédit qu'à ceux qui en sont dignes : c'est un moyen de moraliser les campagnes.

Ces Caisses prêtent suivant les besoins de l'associé demandeur. On s'entend avec lui sur les époques des paiements que l'on échelonne et que l'on combine de manière à coïncider avec ses recettes probables. Le remboursement se fait en quelque sorte automatiquement.

Elles effectuent des prêts à court terme (3 mois) et des prêts à long terme (10 et 20 ans), ouvrent des comptes courants avec garantie dans tous les cas, gage, caution ou hypothèque. Mais elles ne consentent jamais de prêts sans en surveiller l'emploi. Elles prêtent souvent pour réaliser des améliorations agricoles ; en pareil cas, elles ne remettent les fonds à l'emprunteur qu'au fur et à mesure de l'exécution des travaux. Aussi les prêts sous forme de comptes courants ne devaient-ils être, dans la pensée de Raiffeisen, que l'exception ; car, s'ils constituent pour l'emprunteur une forme très commode et très avantageuse du crédit, ils ont l'inconvénient grave de soustraire l'emploi des fonds avancés au contrôle de l'administration de la Caisse rurale.

L'intérêt demandé à l'emprunteur est enfin minime. C'est que les fonctions administratives sont gratuites et permettent ainsi, par la diminution des frais généraux, l'abaissement du taux de l'intérêt. C'est que surtout il n'y a pas de distribution de dividendes ; l'avidité des actionnaires n'est pas excitée ; ils ne sont pas tentés d'augmenter le taux de l'intérêt pour réaliser de plus gros bénéfices. Le gain de la Société sert à constituer un fonds de réserve qui permet encore de baisser le taux de l'intérêt.

Telles sont les grandes lignes et les précieux avantages de l'organisation des Darlehenskassen. C'est certainement de tous les systèmes celui qui concilie le mieux les exigences du crédit, la sécurité des opérations et les besoins sociaux et moraux des populations rurales.

Nous n'en avons pas moins à enregistrer contre ces malheureuses Darlehenskassen, qui n'en peuvent mais, des attaques violentes et passionnées. On ne peut, semble-t-il, leur pardonner leur succès croissant.

On leur reproche tout d'abord de n'avoir pas de parts sociales, indispensables, dit-on, à la sécurité de l'Association. L'existence même des Darlehenskassen, qui vivent et prospèrent sans capital social, prouve que ces parts ne sont pas aussi indispensables qu'on veut bien le dire. Elles ont sans doute leur utilité dans les Vorschussvereine dont les membres sont des artisans, des ouvriers, ne présentant pas de surface qui rassure les créanciers ; elles servent de capital de garantie. Mais les Caisses Raiffeisen qui se composent spécialement de cultivateurs, c'est-à-dire de gens ayant tous quelque chose, soit des terres, soit du bétail, soit un matériel agricole, en donnant à leurs créanciers la garantie collective du patrimoine de ses membres, ont un crédit suffisant.

Ces parts sociales sont, de plus, un moyen de développer l'épargne : il faut tout d'abord remarquer qu'en tant que caisses d'épargne, les Darlehenskassen ne laissent rien à désirer ; elles réservent toujours une place aux modestes dépôts des travailleurs ; et qu'en deuxième lieu son propre intérêt ne pousse pas l'agriculteur à déposer ses économies dans des Caisses : il est souvent plus avantageux pour lui d'augmenter avec ses épargnes son capital d'exploitation, d'acheter des machines, du bétail.

Au lieu de reconnaître franchement que les Darlehenskassen sont des moyens excellents pour répandre le Crédit agricole, leurs adversaires aiment mieux expliquer leur succès qui les embarrasse, en disant que ces prétendues institutions de crédit ne sont en réalité que des institutions de bienfaisance, vivant de secours et de subsistances.

Non, il n'en est pas ainsi. Les Caisses Raiffeisen attendent tout de l'activité, de l'énergie de leurs membres ; elles ne tendent pas la main pour recevoir une aumône qui les dégraderait et les avilirait [1]. Soit, il n'est pas question chez elles de dividendes. Mais chaque associé n'en a pas moins intérêt à la bonne gestion de la Caisse : plus elle

---

1. Voir Durand, *Crédit agricole*, p 279.

sera prospère, plus les prêts seront à meilleur marché ; la Darlehenkasse ne produit pas elle même des bénéfices, mais elle permet d'en réaliser. C'est là précisément l'avantage des Caisses Raiffeisen d'avoir su grouper les intérêts des individus, d'avoir su les diriger vers un même but. Les associés ne veulent qu'une chose : se procurer du crédit à bon marché pour accroître leur production et partant leur bien-être ; leurs intérêts ne sont pas opposés, ne se heurtent pas comme dans les Vorschussvereine, où les uns, les emprunteurs, veulent le taux de l'intérêt très bas, où les autres veulent l'intérêt très élevé pour augmenter leurs dividendes. Et c'est la gloire des Darlehenkassen d'avoir, en supprimant cette répartition des bénéfices, supprimé cet antagonisme des uns et des autres !

On a voulu faire enfin de ces associations des Sociétés uniquement guidées par l'esprit religieux. « Il est beaucoup question, dans tout cela, dit M. Brelay, de dévouement chrétien, ce qui donne à craindre, faute d'explications spéciales, que les israélites et les neutres n'y soient pas aussi bien vus que les autres »[1]. Mais à qui donc le protestant Raiffeisen s'adressait-il tout d'abord lorsqu'il allait à travers les campagnes pour fonder et créer

----

1. *Revue des Institutions de prévoyance,* 1888, II, p. 109.

ses premières Caisses ? Au curé, toujours au curé, et celui-ci ne lui refusait pas son concours. Quel est donc l'apôtre de ces Caisses en Italie ? Un israélite, M. Wollemborg. Et en France, les neutres ont-ils marchandé leur aide au Rév. Père Ludovic de Besse et au père Joseph ?

La meilleure réponse que l'on puisse faire à tous ces reproches, à toutes ces critiques, n'est-elle pas de montrer le fonctionnement irréprochable de ces Sociétés et leur développement considérable ?

« Depuis 1849, dit M. Raiffeisen fils, au quatrième congrès des banques populaires de France, tenu à Lyon en mai 1892, c'est-à-dire depuis quarante-trois ans, pas une seule des Caisses qui existent (et il s'en compte par milliers) n'a fait perdre à ses membres un centime. Pas une seule n'a fait faillite. » — On en peut dire autant des Vorschussvereine : d'après M. Durand, de 1875 à 1886, en douze ans, sur mille Vorschusvereine, il y a eu 36 faillites et 174 liquidations [1].

C'est une question très controversée que la détermination du nombre exact des Darlenkassen [2]. Nous nous en rapportons à M. Durand qui

1. DURAND, *Crédit agricole*, p. 209.

2. *Économiste français* du 4 nov. 1893 ; CAUWÈS, *Éc. pol.*, t. III, p. 312.

compte, en 1890, 1730 associations rurales de crédit [1], et qui évalue à 325 millions de francs le mouvement d'affaires de ces Darlehenkassen.

Et pour terminer, nous pouvons examiner, d'une manière générale, en ne distinguant plus les banques Schulze et les Caisses Raiffeisen, le développement extraordinaire de ces merveilleuses institutions.

D'après les rapports présentés au dernier Congrès tenu en septembre 1898 à Karlsrühe, il y avait dans ce pays, à la fin de l'année 1897, 15,600 Associations coopératives dont 11,854, soit 67 %, étaient des Sociétés coopératives agricoles [2].

De ces 11,854 Associations, 8,451 étaient des Associations de crédit; le reste se composait de Sociétés coopératives de production et de consommation, de laiteries ou de fromageries, au nombre de 1,716.

L'année 1897 avait déjà marqué un progrès considérable sur l'année 1896; le nombre des Associations de crédit avait, en effet, augmenté de 839 au cours de cette seule année. L'augmentation a continué en 1898 : 726 Caisses rurales ont été créées

---

1. Durand, *Crédit agricole*, p. 209.

2. Extrait du rapport de M. le sénateur Lourties sur la loi du 31 mars 1899.

dans les deux premiers mois de cette année, et si un certain nombre d'Associations dont la création avait sans doute été un peu factice, ont dû se dissoudre, nous n'en trouvons pas moins, à la date du 1er novembre 1898, le chiffre respectable de 12,062 Associations agricoles, dont 8,575 Sociétés de crédit.

Ces Caisses rurales se groupent de plus en plus en fédérations pour augmenter leurs forces ; elles fondent des unions de 20, 30 ou 40 Associations ; ces unions sont destinées à fonctionner comme caisses de compensation entre les Sociétés. Les trois principales sont : celle de Berlin (type Schulze), celle de Neuwied (type Raiffeisen) et celle d'Offenbach (type Haas). Le mouvement d'affaires de « la Caisse centrale agricole de prêts » de Neuwied a été, en 1897, de 269 millions de marks ; il a été de 145 millions pour le premier semestre de 1898.

Un des facteurs de cette évolution considérable du Crédit agricole qui prend d'année en année plus d'importance, réside dans l'intervention toujours croissante des caisses d'épargne dans le crédit personnel. C'est, en effet, de ce côté que les caisses d'épargne tendent de plus en plus à orienter leur activité ; dans beaucoup de régions elles sont devenues des instruments de crédit personnel agissant parallèlement aux Sociétés coopératives de crédit ; sur quelques points, elles se sont même unies intimement à ces dernières, en ont favorisé l'extension et ont par là contribué dans une large mesure à développer le sentiment de l'initiative privée et de la solidarité sociale.

Enfin, au-dessus de ces fédérations, pour fournir de l'argent aux caisses trop pauvres, « une Caisse centrale des associations de Prusse » vient d'être créée à Berlin par la loi du 31 juillet 1895 ; elle est dirigée par le baron de Huene. Elle a été dotée au début par l'Etat d'un capital de 5 millions de marks ; mais ce capital, trouvé insuffisant, a été porté en 1896, à 10 millions ; en 1897, à 20 millions, en 1898, à 50 millions. Elle paie à l'Etat 3 % d'intérêts ; la moitié des bénéfices est employée à constituer un fonds de réserve. Quand ce fonds atteindra le quart du montant du capital social, l'intérêt pourra être élevé à 4 %.

En novembre 1897, il y avait déjà 6,000 Sociétés coopératives de crédit, comptant 494,477 affiliés à cette caisse (5,000 unions en territoire prussien, 1,000 hors de Prusse). En avril 1898, la Caisse centrale était en compte courant avec 749 unions de Caisses de crédit ou Sociétés.

Le taux de l'intérêt, fixé d'abord à 2 1/2 % pour les dépôts et à 3 % pour les prêts, a été, au mois d'août 1898, élevé de 1 %, ce qui a motivé de vives attaques contre la Caisse centrale de Berlin.

La Bavière a imité la Prusse. Une loi du 24 janvier 1898 permet au gouvernement de faire aux Caisses de crédit une avance de 100,000 marks, portée à 1,900,000.

———

ITALIE

L'usure, qui rongeait l'Italie[1], a fait de l'Association un besoin terriblement senti : aussi ce pays est-il, après l'Allemagne, celui où les Sociétés coopératives de crédit se sont le plus développées.

Avant 1883, il n'y avait aucun texte de loi spécial aux Sociétés coopératives : le Code de commerce de 1883 (titre VII) leur a, le premier, consacré quelques articles. Elles ne forment pas, comme en Allemagne, en Suisse, en Belgique, une classe spéciale d'associations; elles revètent la forme soit de Sociétés anonymes, soit de Sociétés en commandite, soit de Sociétés en nom collectif. Elles doivent être constituées par acte public; les publications sont faites sans frais. La valeur nominale

1. Voir : Durand, *Crédit agricole*, p. 437; Mabilleau, *Prévoyance sociale en Italie*; Meneghelli, *Revue d'économie politique*, 1892, p. 855.

des actions d'une Société coopérative ne peut excéder 100 francs ; un sociétaire ne peut posséder une part sociale supérieure à 5,000 francs ; il ne peut céder ses actions, qui sont nominatives, qu'avec l'agrément de la Société ; il ne possède qu'une voix, quel que soit son nombre d'actions.

Nous trouvons à l'Italie une analogie frappante avec l'Allemagne ; nous y voyons le même développement parallèle de deux genres d'institutions de crédit : d'un côté, les banques populaires créées par M. Luigi Luzzati, calquées sur les Vorschussvereine de Schulze-Delitzsch, et d'un autre côté les caisses rurales de M. Leone Wollemborg, qui ne sont que l'application pure et simple des Caisses Raiffeisen.

Les premières, quoique plus spécialement destinées aux ouvriers, aux industriels, aux commerçants, s'adressent aussi aux cultivateurs et pratiquent toutes, plus ou moins, le Crédit agricole. C'est en 1865, à Lodi, que fut fondée la première de ces banques par M. Luzzati ; de 50 qu'elles étaient en 1870, elles atteignaient en 1897 le nombre de 762. Ces banques sont montées par actions, payables par versements mensuels ; elles répartissent des dividendes, rémunèrent leurs administrateurs ; elles ne diffèrent des Vorschussvereine de Schulze que parce qu'elles sont à responsabilité limitée, et depuis que la loi allemande de 1889 a autorisé les Sociétés à restreindre leur responsabilité, cette différence est encore atténuée.

Ayant la même organisation que les Vorschussvereine, elles devaient avoir et ont eu les mêmes résultats. Elles n'ont rendu des services qu'aux classes moyennes, à la bourgeoisie et à la grande propriété : elles ont laissé de côté les petits cultivateurs, trop pauvres pour pouvoir se rendre possesseurs d'une action.

Aussi a surgi, comme Raiffeisen en Allemagne, un homme, M. Leone Wollemborg, qui a institué dans les petites communes des banques populaires, qui a mis le crédit à la portée de tous, qui l'a, en un mot, démocratisé. C'est en 1883 qu'il fonda sa première Caisse rurale, à Loreggia, « pour venir en aide aux petits cultivateurs, locataires ou propriétaires d'un maigre lopin de terre, altérés de crédit et rongés par l'usure ».

Tout comme les Darlehenskassen, ces caisses n'exercent que sur un territoire très restreint, dans la commune le plus souvent; elles n'ont pas de capital social et ont pour base la solidarité illimitée de leurs membres; elles ne répartissent pas, sous forme de dividendes, les bénéfices qui servent uniquement à constituer un fond de réserve.

Elles présentent, toutefois, quelques différences de détail avec les Sociétés allemandes. Tout d'abord, elles limitent en général la durée de leurs prêts à deux ans; les billets souscrits sont à trois mois, même lorsque les prêts consentis sont pour un terme plus long : ils sont, dans ce cas, renouvelables. En deuxième lieu, elles admettent les prêts d'honneur, comme les banques populaires de M. Luzzati : elles peuvent prêter une petite somme sur la seule signature de l'emprunteur, sans exiger de lui ni gage, ni caution, ni hypothèque.

Cette acclimatation des Caisses Raiffeisen en Italie a parfaitement réussi.

Les Caisses rurales du type créé par M. Leone Wollemborg étaient, en juin 1898, au nombre de cinquante-trois.

A côté d'elles, et leur faisant une concurrence acharnée, nous trouvons d'autres Caisses de même nature, de même organisation, mais d'un caractère religieux très accentué : ce sont les Caisses rurales catholiques, créées depuis 1892 par dom Luigi Cerutti, curé de Gambaran, en Vénétie. On en comptait, en 1898, 779; elles ont une Caisse centrale établie à Parme.

Enfin nous rencontrons des Caisses agraires, créées par les caisses d'épargne. Elles ne diffèrent des Caisses rurales que par ce fait qu'elles sont moins autonomes, qu'elles ont accepté en naissant la tutelle des caisses d'épargne qui leur fournissent les fonds nécessaires, qui les conseillent et les guident. Dans la province de Parme où vient de se faire cet essai, elles sont au nombre de neuf ; les plus importantes sont celles de Torrechiara et de Tizzano. On veut se servir de ces Caisses pour lutter contre la propagande des Caisses rurales catholiques de dom Cerutti.

Et on ne doit pas seulement applaudir au succès des Caisses du type Wollemborg à cause de leur portée économique, mais encore à cause de leur portée sociale et de leur influence moralisatrice.

———

SUISSE

En Suisse [1], comme en Allemagne, les coopératives forment une classe de Sociétés distincte, indépendante des autres ; elles sont régies par les règles spéciales qui leur sont propres, contenues dans le titre XXVII du Code fédéral des obligations ; elles ont pour elles une législation complète.

Nous trouvons fort peu de coopératives de crédit purement agricole ; elles ne s'inquiètent pas de la profession de leur client, ne s'occupent que

1. DURAND, *Crédit agricole*, p. 351.

de sa solvabilité et font presque toutes indifféremment des prêts à l'industrie, au commerce, à l'agriculture. La responsabilité limitée a été presque seule employée en Suisse. Les banques de Berne, de Saignelégier, de Zurich, de Fribourg, de Bâle, de Saint-Gall, de Wetsikon, de Tramelan, de Porrentruy, d'Uster ont ainsi restreint la responsabilité de leurs membres et l'ont généralement limitée au quintuple de la somme versée par l'associé. Toutes ces banques sont du type Schulze-Delitzsch. Chaque sociétaire doit souscrire une part sociale, qui est nominative, intransmissible, et ne peut en souscrire qu'une; ces parts, payables par acomptes mensuels, atteignent un chiffre très élevé (1.000 francs, en 1877, pour la banque de Berne), ce qui rend ces Sociétés inabordables aux cultivateurs, dont la majorité est peu aisée. Aussi ces banques ont-elles rendu peu de services à l'agriculture, et, si nous nous rapportons au compte rendu de l'exercice 1880 de la banque de Berne, nous voyons que, sur 5.207 associés, il n'y avait que 279 agriculteurs, soit environ 5 %.

Les Sociétés coopératives de crédit à responsabilité illimitée du type Raiffeisen sont encore très rares. Nous trouvons deux de ces Associations exclusivement destinées à l'agriculture dans le canton de Berne : ce sont celles de Schosshalde et de Zimmerwald.

Dans le canton de Thurgovie, nous rencontrons aussi une institution de Crédit agricole : les caisses communales de prêts pour l'achat de bétail. Mais elles diffèrent des caisses Raiffeisen en ce sens que ce sont des Associations forcées, imposées par la majorité de l'Assemblée communale à tous les habitants de la commune, et en ce sens qu'elles ne prêtent que pour l'achat de bétail.

BELGIQUE

En Belgique[1], comme en Suisse, comme en Allemagne, les Sociétés coopératives forment une classe spéciale de Sociétés ayant leurs règles propres. Elles sont régies par la loi du 18 mai 1873. Elles peuvent adopter soit la responsabilité limitée, soit la responsabilité illimitée ; en cas de silence des statuts, la solidarité est le régime de droit commun.

C'est en 1864 que M. Léon d'Andrimont, député de Verviers, a fondé à Liège la première banque populaire calquée sur le type Schulze. Les membres de cette banque étaient solidairement responsables

1. DURAND, *Crédit agricole*, p. 402.

sur tous leurs biens ; chacun d'eux devait souscrire une part sociale de 200 francs, libérable par acomptes mensuels et ne pouvait en souscrire qu'une ; les bénéfices étaient répartis entre les associés au prorata de leurs versements. Ces mêmes statuts régissaient les banques fondées par M. d'Andrimont à Hug et à Verviers (1865), à Gand (1866), à Namur et Saint-Nicolas (1869), à Charleroi (1871), à Anvers, Dinant et Châtelet (1873), à Malines et Andenne (1874), à Roulers, Renaix et Lokeren (1875), à Alost et Thuin (1886).

Mais depuis la loi du 18 mai 1873, toutes ces Caisses de crédit mutuel ont abandonné le principe de la solidarité pour adopter la responsabilité limitée, qui est actuellement, en Belgique, à peu près seule usitée.

Nous sommes, d'ailleurs, obligés de constater que ces banques populaires se sont très peu multipliées Si elles sont peu nombreuses, la cause en est dans ce fait, comme nous le dit M. d'Andrimont, « qu'il existe dans toutes les villes et les gros bourgs des banques particulières et des unions de crédit en grand nombre. Parfaitement organisés et gérés avec intelligence, ces établissements financiers, qui disposent généralement de capitaux importants, accordent de grandes facilités de crédit. Ils ne dédaignent même pas la clientèle la plus modeste. Aussi, là où ils se livrent à leurs opérations, les banques populaires, à tort selon nous, paraissent ne plus avoir leur raison d'être et, au lieu de prospérer, comme en Allemagne et en Italie, végètent et disparaissent. »

Il faut, de plus, remarquer que ces banques populaires s'adressent surtout aux industriels et aux commerçants et ne pénètrent pas dans les milieux agricoles.

On peut néanmoins espérer en la diffusion du crédit parmi les cultivateurs. Le législateur, d'un côté, pour favoriser le développement de caisses destinées spécialement à l'agriculture, a, par les lois du 15 avril 1884 et du 21 juin 1894, autorisé la caisse d'épargne et de retraite à employer une partie de ses fonds disponibles en prêts faits, soit aux agriculteurs, soit aux Sociétés coopératives de Crédit agricole. D'un autre côté, enfin, les syndicats agricoles se répandent de plus en plus en Belgique; ils seront tôt ou tard amenés à s'occuper du crédit et seront une source créatrice de coopératives de Crédit agricole.

ANGLETERRE. — ÉCOSSE

Nous ne trouvons pas de Sociétés coopératives de Crédit agricole dans la Grande-Bretagne, cette patrie du crédit et des banques[1].

Cela tient à la nature de la propriété en Angleterre; il y a peu de petits propriétaires, de petits fermiers; il y a bien des ouvriers agricoles, mais ils ne font que louer leurs bras, ne travaillent pas pour leur compte, n'ont par conséquent pas besoin de crédit. Quant aux grands propriétaires, ils n'ont nul besoin d'avoir recours aux coopératives; tout le crédit dont ils ont besoin ils le trouvent dans les banques de la Grande-Bretagne, qui prêtent indifféremment à tous ceux qui présentent des garanties suffisantes, qu'ils soient industriels, commerçants ou agriculteurs.

L'Écosse, qui est un des pays, avec l'Allemagne et l'Italie, où le Crédit agricole est bien organisé,

1. Voir : DURAND, *Crédit agricole*, p. 577 ; DE SCHULZE GAEVERNITZ : Mouvement coopératif en Angleterre, *Revue d'économie politique*, année 1891, p. 673.

n'a pas elle-même de Sociétés coopératives de crédit. On ne peut même appliquer avec quelque raison à aucune des banques d'Ecosse le titre de banque agricole ; car elles ne sont pas spéciales à l'agriculture ; elles font des opérations avec tout client qui leur paraît solvable, quelle que soit sa profession.

Ces banques ont rendu néanmoins d'immenses services à l'agriculture ; elles ont mis le crédit à sa portée et cela grâce surtout au *cash-crédit account* (ouverture d'un compte-courant). Elles ouvrent ces comptes à tous ceux, industriels ou cultivateurs, qui peuvent leur offrir deux cautions solvables et agréées d'elles.

Mais si ce système a donné des résultats merveilleux, c'est que les banques écossaises n'ont pas eu à résoudre la question du Crédit agricole pour les petits fermiers et les agriculteurs modestes ; c'est que les cultivateurs anglais ont une instruction, une éducation économique, une aisance bien supérieures à celles de nos paysans français. « Ce ne sont point, comme nous le dit M. Durand, des paysans proprement dits : ce sont, le plus souvent, de véritables industriels, qui entreprennent l'exploitation d'un domaine, comme d'autres entreprennent l'exploitation d'une usine ; ils fabriquent du blé ou de la viande, au lieu de fabriquer du fer ou du coton. Mais ils ne commencent

pas leur exploitation sans disposer de capitaux relativement importants, et ils se considèrent comme
des industriels, soumis aux lois commerciales et
même à la faillite [1] ».

1. DURAND, *Crédit agricole*, p. 582.

CHAPITRE III

Historique de la question du Crédit agricole en France jusqu'en 1894.

HISTORIQUE DU CRÉDIT AGRICOLE

« Pour l'étude du Crédit agricole, on peut bien dire que la France a été le cerveau de l'Europe ; on peut admirer le zèle et la sollicitude avec lesquels les gouvernements qui se sont succédés ont examiné le problème — la fécondité d'invention des auteurs des projets, puisque les moyens, plans et systèmes proposés dépassent le chiffre de deux cents — et la tenace persévérance de certains défenseurs de l'agriculteur, qui ont patiemment ouvert la voie à l'opinion publique. » (Joaquin Diaz de Rabago. *El Crédito agricola*, p. 62.)

Depuis 1840, le Gouvernement et le Parlement français ont, en effet, rivalisé de zèle pour organiser le Crédit agricole [1]. On a multiplié les enquêtes, accumulé les projets et propositions de loi, amoncelé les rapports parlementaires et extra-parlementaires. Ce n'a été longtemps qu'un perpétuel avortement, et il faut arriver à nos jours, à la loi du 5 novembre 1894, pour trouver un fruit à cette longue période d'incubation.

De 1840 à 1845, le Conseil supérieur de l'agri-

[1]. Projets, propositions de lois et rapports parlementaires sur le Crédit agricole :

Législature 1877-81.

Proposition de loi Mir.

Législature 1881-85.

Proposition de loi de Sonnier. Projet de loi présenté au Sénat par M. de Mahy, ministre de l'agriculture, et M. Léon Say, ministre des finances. Rapport de M. Labiche au Sénat. Rapport de M. de Sonnier à la Chambre. Proposition de loi Dethoux, Chambre. Proposition de loi Bozérian, Sénat.

Législature 1885-89.

Proposition de loi Thellier, Chambre. Rapport sommaire Gobron. Proposition de loi Dethoux, Chambre. Rapport sommaire Jouvencel. Proposition Lockroy, Crédit populaire pour les caisses d'épargne.

Législature 1889-93.

Proposition de loi Méline. Rapport sommaire Bertrand. Proposition de loi Antonin Proust. Rapport Mir. Proposition de loi Guillemet, Proust, Martinon, Laffargue,

culture s'occupe à plusieurs reprises de la question du Crédit agricole. M. Wolowski y demande, entre autres choses, l'organisation d'institutions de crédit; mais sa proposition, combattue par MM. Dupin et Buffet, fut rejetée.

Arrive la révolution de 1848 et, avec elle, un cortège de réformateurs : l'un d'eux, M. Lefour,

Castelnau. Sans rapports. Première délibération, 11, 16, 18, 20 juin 1892. Deuxième délibération. Adoption, 29 avril 1893. Projet de loi présenté par **M.** Develle, ministre de l'agriculture, et par M. Rouvier, ministre des finances. Rapport Mir. Urgence déclarée et adoption, 1er mai 1893. Présenté au Sénat le 2 juin 1893. Proposition de loi Codet. Rapport sommaire Codet.

Année 1894.

Rapport Labiche, Sénat. Première délibération, Sénat, 27 avril 1894. Deuxième délibération, Sénat, 21 mai 1894. Promulgation, 6 novembre 1894.

Année 1895.

Proposition de loi transmise à la Chambre. Rapport Codet. Adoption, 27 octobre 1895. Proposition Calvet, Sénat. Rapport sommaire Poirrier.

Année 1897.

Proposition de loi Martinon. Projet de loi Méline, ministre de l'agriculture, et Cochery, ministre des finances. Rapport Codet.

Année 1898.

Adoption, 31 mai 1898. Rapport Codet. Transmission au Sénat, 2 avril 1898. Rapport Lourties.

veut faire distribuer le crédit par les communes
qui emprunteraient sur leurs biens et serviraient
ainsi de caution aux agriculteurs. D'autres présentent divers projets, ayant tous le même point de départ, à savoir, l'émission par l'Etat d'une certaine
quantité de papier-monnaie. C'est ainsi que
M. Flandrin propose a l'Assemblée nationale la
création de deux milliards de billets hypothécaires,
que M. David demande la création d'une banque
territoriale ayant le droit d'émettre des billets à
cours forcé, garantis par les propriétés de ses fondateurs. Pour M. Touret, ministre de l'agriculture,
le gouvernement, auquel au préalable serait ouvert
un crédit de dix millions, distribuerait cette somme
aux cultivateurs en prêts hypothécaires à 3 %.
L'Assemblée nationale rejette le projet Touret.

En 1852, M. Wolowski parvient à fonder la
Banque foncière de Paris, qui est devenue le Crédit
foncier de France (décret du 28 février 1852). La
question du crédit immobilier était ainsi résolue;
restait encore à résoudre celle du Crédit agricole
proprement dit.

Le gouvernement impérial ouvre une enquête sur
ce qui se passe à l'étranger; M. Josseau est chargé
de la réunion et de la publication des résultats.

Une commission, dite de 1856, est nommée pour
tirer une conclusion de cette enquête et formuler
un projet; elle était présidée par M. Sain, conseil-

ler d'Etat. Elle émet des vœux pour la fondation d'établissements de Crédit agricole et la constitution du gage sans déplacement. Les choses allaient sans doute en rester là et ces vœux demeurer tout platoniques, lorsque Napoléon III intervient directement. Il charge le Crédit foncier de la constitution, sous la garantie de l'Etat, d'une société qui prit le nom de Société de Crédit agricole.

Créée par la loi du 28 juillet 1860, au capital de 20 millions, porté quatre ans après à 40 millions, la Banque agricole ne rendit presque aucun service à l'agriculture. Elle était trop loin des cultivateurs pour connaître leurs besoins et apprécier leur degré de solvabilité ; elle était obligée de se montrer d'une rigueur extrême vis-à-vis des paysans pour éviter des pertes sérieuses ; elle était amenée, par la force même des choses, à refuser tout crédit aux petits agriculteurs qui ne lui offraient aucune garantie matérielle suffisante, et à ne consentir des prêts qu'aux grands propriétaires ou aux riches fermiers dont la solvabilité était notoire. Elle était ainsi obligée de restreindre elle-même sa clientèle, alors que, pour pouvoir vivre et prospérer, elle avait besoin d'un grand courant d'affaires. Et c'est ce qui l'a perdue : sa clientèle naturelle étant insuffisante pour absorber ses ressources, elle s'est lancée dans des affaires de pure spéculation, et finalement, en 1876, à la suite de pertes éprouvées dans l'affaire égyptienne, elle suspendit ses paiements et se fondit avec le Crédit Foncier.

Cette expérience d'une grande banque d'Etat, d'un grand établissement financier aspirant tous les capitaux du pays pour les déverser ensuite sur les campagnes, semblerait devoir être une leçon décisive et suffisante. Et cependant, de nos jours encore, certains voudraient nous ramener à ce régime de banque centrale, de banque d'Etat !

Dès 1866, on avait remarqué que cette Société de Crédit agricole ne rendait pas tous les services qu'on attendait d'elle et ne pénétrait pas assez avant dans les campagnes. Le gouvernement ouvre une nouvelle enquête et nomme « la Commission de 1866 [1] ». Cette commission repousse l'intervention de l'Etat dans l'organisation du Crédit agricole et se contente d'apporter plusieurs vœux en vue de modifier certains articles de nos codes gênant le crédit de nos agriculteurs. Elle demande la constitution du gage sans dessaisissement et d'un privilège pour les vendeurs d'engrais. Elle veut de plus,

1. Elle était composée de MM. Sain, sénateur, président ; Comte de Germiny, sénateur ; Cornudet, conseiller d'Etat ; Le Pelletier d'Aulnay et Guillaumin, députés ; Josseau, député, rapporteur ; De Rayñal, premier avocat général à la Cour de cassation ; De Monny de Mornay, directeur de l'agriculture, etc.

après l'échec de cette combinaison de grande banque ayant l'appui, le concours et les subventions du gouvernement, donner aux agriculteurs l'accès des banques ordinaires par la commercialisation des effets agricoles. Leurs engagements cessent d'être civils, et ne relevant plus par conséquent de la juridiction civile, lente et coûteuse, le papier agricole trouvera plus de faveur chez les capitalistes et deviendra un véritable papier commercial que les banquiers admettront à l'escompte.

Les événements de 1870 vinrent interrompre les travaux de la Commission et la question du Crédit agricole disparut, pendant quelques années, de l'ordre du jour pour faire place à d'autres questions bien plus graves, bien plus pressantes.

Elle fut de nouveau soulevée en 1878, au Congrès agricole international organisé à l'occasion de l'Exposition universelle : M. Josseau y développe les conclusions du rapport de 1866. L'année suivante, le gouvernement nomme une troisième Commission avec mandat de faire une nouvelle enquête et de rédiger un nouveau projet. Cette « Commission de 1880 [1] » présente un projet de loi que M. de Mahy, ministre de l'agriculture, et

---

1. Elle a eu successivement pour présidents MM. Léonce de Lavergne, Magnin, enfin M. Bozérian, sénateur.

Léon Say, ministre des finances, déposent au Sénat le 20 juillet 1882 [1]. La Commission sénatoriale dépose, le 31 juillet 1883 [2], un contre-projet plus complet, dont le rapporteur fut M. Labiche.

Ces deux projets admettaient tous deux la constitution d'un droit de gage sans dessaisissement des objets engagés et étendaient la juridiction commerciale. Celui du gouvernement ne commercialisait que les engagements ayant une cause agricole; celui de la Commission, plus simple, commercialisait tous les billets à ordre quelle que soit la profession du souscripteur. La Commission ajoutait deux autres réformes : la restriction du privilège du bailleur et la subrogation légale au droit du débiteur aux indemnités dues par suite d'assurances par les créanciers privilégiés.

La discussion générale s'ouvrit au Sénat le 29 novembre 1883 [3]; mais le projet fut renvoyé à un nouvel examen. La Société nationale d'agriculture est chargée de faire encore une enquête et d'apporter à nos sénateurs un supplément de lumière. Le Sénat se trouve ainsi dessaisi pour un temps de la question qui reparut devant lui en 1887. La dis-

1. *Officiel*, 1882. Sénat. Annexes, p. 471.
2. *Officiel*, 1883. Sénat. Annexes, p. 997.
3. *Officiel*, 1883. Sénat. Débats parlementaires, 29 et 30 novembre, 1er décembre.

cussion générale, commencée le 31 janvier, se
termina le 6 mars 1888. Le projet se trouva enfin
de compte tellement amendé, tellement modifié,
que, de l'avis de tous, il était impossible de lui
laisser son titre primitif de : loi sur le Crédit agricole. On le débaptisa et il est devenu la loi du
19 février 1889, « loi relative à la restriction du privilège du bailleur d'un fonds rural et à l'attribution
des indemnités dues par suite d'assurances ».

Les projets, depuis, ne font que se succéder très
nombreux, trop nombreux pour pouvoir être en
cette place passés en revue et analysés un à un [1].
Nous ne nous occuperons donc que de ceux qui
nous apparaissent comme les plus importants.

Proposition de M. Lockroy.

Nous arrivons ainsi au projet de M. Lockroy, déposé à la Chambre le 19 novembre 1889 [2], projet
qui a pour but la constitution du Crédit populaire
et non pas exclusivement du Crédit agricole, par
les caisses d'épargne. En France, les caisses d'épargne sont un établissement de bienfaisance officielle,

1. Voir note de la page 63.
2. Voir Exposé de motifs, *Officiel*, 1890 ; Chambre.
Annexes, p. 55.

distribuant aux déposants un intérêt exagéré servi
par la Caisse des dépôts et consignations et prélevé
sur les fonds du budget de l'État. Elles vont drainer
dans les campagnes tous les petits capitaux, pour
les centraliser et les porter dans les caisses sans
fond de l'État, qui les emploie à combler le dé-
ficit.

M. Lockroy veut, avec raison d'ailleurs, que ces
sommes, qui auraient été d'un secours si utile à
l'agriculture, soient laissées sur place, soient re-
mises en circulation à l'endroit même d'où elles
ont été tirées ; il veut permettre aux caisses d'épargne d'employer une partie de leurs fonds en prêts
à l'agriculture, à l'industrie et au commerce. « Jusqu'ici, dit l'auteur, l'épargne économisée sur le sa-
laire n'a jamais profité directement à l'artisan. Les
caisses d'épargne ne sont que des bureaux d'en-
caissement, alors qu'elles devraient être des orga-
nes de travail ; elles ont formé des capitaux, mais
elles sont demeurées impuissantes à les mettre en
circulation. » Il veut, en conséquence, autoriser
les caisses d'épargne qui en font la demande, à employer leurs fonds en opérations de crédit populaire
jusqu'à concurrence du cinquième de leur solde
créditeur à la Caisse des dépôts et consignations.

Sa proposition fut rejetée. Après le dépôt de
projets tendant au même but par M. Hubbard, en

1890[1], et par M. Jules Roche, dans la même année, la réforme a été en partie réalisée par la loi du 20 juillet 1895.

Proposition de M. Antonin Proust.

Cette proposition, déposée à la Chambre le 25 octobre 1890[2], comprend trois titres :

Le premier organise le gage sans déplacement[3].

Le second commercialise les billets à ordre, quelle que soit la cause du billet et la qualité du souscripteur.

Le troisième autorise la Banque de France à escompter les effets agricoles et à ouvrir des crédits aux cultivateurs jusqu'à concurrence de 20.000 fr. Elle peut ouvrir un crédit au propriétaire sur hypo-

1. *Officiel*, 1890. Ch. Annexes, pp. 417 et 858 (Exposé des motifs).

Officiel, 1891. Ch. Annexes, p. 1340. Rapport de M. Aynard.

Officiel, 1892. Ch. Débats, p. 600. Discussion à la Chambre.

2. Voir exposé des motifs, *Off.*, 1890. Session extr., Chambre. Annexes, p. 336.

3. La loi du 18 juillet 1898 a réalisé cette première réforme.

thèque, et au fermier sous la caution du Syndicat agricole dont il fait partie.

Nous ne savons qu'approuver les réformes des deux premiers titres. Quant au troisième, remarquons tout d'abord que cette autorisation, donnée à la Banque de France, est au moins inutile, puisque l'on a déjà commercialisé les billets à ordre ; ensuite, qu'autoriser simplement, sans l'y forcer, la Banque à escompter le papier agricole ne servira à rien, parce qu'elle n'usera certainement pas de la permission octroyée. De plus, les syndicats refuseront leur caution, et, dans le cas où ils consentiraient à le donner, elle serait d'un faible poids, car leur capital est presque nul et la responsabilité personnelle des associés n'est pas engagée.

Proposition de M. Méline.

Le 10 mai 1890, M. Méline dépose un projet à la Chambre des députés « tendant à l'organisation du Crédit agricole et populaire [1] ». Ce projet s'étendait donc indistinctement à tous les Syndicats professionnels et agricoles, qu'il autorisait à faire des opérations d'emprunt, de prêt et de gage,

---

1. Voir Exposé des motifs, *Off.* 1890. Ch. Annexes, p. 701 ; Rapport sommaire de M. Bertrand ; Ch. Annexes, p. 952.

car il prenait pour base cette institution déjà exis-
tante des Syndicats et leur permettait de se transformer en Sociétés de crédit au moyen de simples
modifications dans les statuts et à la suite du dépôt de ces statuts à la préfecture du département.
Ces Syndicats fonctionneraient soit comme comp-
toirs d'escompte, en avalisant les signatures des
associés, soit comme banques, en procurant à
ceux-ci des capitaux.

Les Syndicats ainsi transformés sont de véritables Sociétés commerciales auxquelles, d'ailleurs,
de nombreux privilèges sont accordés :

1º L'acte de Société est remplacé par les statuts;

2º La publicité est réduite au dépôt de ces statuts à la préfecure ;

3º Ces Sociétés sont dispensées de la comptabilité commerciale ;

4º Elles sont exemptes du paiement de la patente et du droit des valeurs mobilières.

Le rapport de M. Mir [1] fut déposé sur le bureau
de la Chambre ; le projet de M. Méline devait
subir beaucoup de modifications et beaucoup de re-
tards. Les uns demandaient l'intervention du Crédit
foncier, les autres voulaient faire escompter le pa-

---

1. *Officiel*, 1893. Chambre : Documents parlementaires,
165.

pier des associations par la Banque ; M. Develle [1]
dépose un projet ayant pour but la constitution d'une grande Société au capital de 50 millions, avec garantie de l'État. On songeait aussi
à l'établissement de docks-greniers, où l'on dépo-
serait les céréales et autres denrées ; on recevrait,
en retour de ce dépôt, un certificat ou un warrant
facilement négociable (proposition du 3 décembre 1891, de MM. Martinon et Méline [2]).

La discussion générale s'était ouverte le 11 juin
1892 ; le projet fut enfin voté en deuxième délibération le 1er mai 1893 avec de légères modifications.
C'est ainsi que les Syndicats ne sont pas dispensés
de la tenue des livres de commerce et que le caractère commercial ne serait pas constant, mais
dépendrait de la nature des opérations entreprises. Le texte primitif du projet Méline énonçait,
de plus, qu'en cas de silence des statuts sur la
responsabilité personnelle des adhérents, les
membres des Syndicats seraient solidairement
responsables, comme jadis en Allemagne. Mais
on fit remarquer que précisément la loi allemande
du 1er mai 1889 avait fait disparaître cette solida-

1. *Officiel*, 1893, Ch. Doc. parl., 2159.

2. Exposé des motifs, *Off.* 1891. Sess. extr. Ch. Ann.,
p. 2887.

rité obligatoire, et on décida que les statuts pouvaient stipuler cette solidarité, mais qu'elle n'était pas de plein droit.

Il manquait encore la sanction du Sénat. M. Labiche dépose, le 13 mars 1894, un rapport sur la proposition de loi adoptée par la Chambre des députés. La discussion s'ouvrit le 27 avril 1894 ; le projet fut voté en deuxième délibération le 21 mai 1894 avec d'importantes modifications.

Tout d'abord, la loi voit son titre modifié et devient la « loi relative à la création des Sociétés de Crédit agricole ». Les mots « et populaire » sont supprimés ; elle ne s'applique donc plus aux Syndicats ouvriers. « L'expérience, nous dit M. Labiche, a en effet démontré que l'objet, l'organisation, le développement, les effets des Syndicats agricoles ont été jusqu'à présent absolument différents de ceux des autres Syndicats professionnels. »

Enfin, les Syndicats ne se confondent pas avec les Sociétés de crédit, ils ont une existence propre, indépendante, conservent leur caractère civil, tandis que les nouvelles Sociétés ont un caractère commercial constant : il eût été, en effet, difficile en pratique de savoir si tel ou tel acte devait être considéré comme civil ou comme commercial.

Le législateur de 1894 s'est servi, avec raison

d'ailleurs, des Sociétés déjà existantes, des groupements déjà formés; il a mis à profit cette immense floraison de Syndicats agricoles dont, sans le vouloir d'ailleurs, la loi du 21 mars 1884, une des lois libérales de notre troisième République, a fait se couvrir le sol de France. Il a voulu provoquer, par l'initiative des membres de nos Syndicats, la constitution de petites Sociétés locales de crédit. Mais s'il peut y avoir avantage à profiter de l'organisation des Syndicats agricoles et de l'initiative de leurs principaux membres, il y aurait de graves inconvénients à confondre leur action afin d'étendre leurs attributions, à transformer ces Sociétés civiles en Sociétés commerciales. Le fonctionnement d'une Société de crédit exige des aptitudes spéciales que l'on ne peut espérer de trouver chez tous les membres de nos Syndicats et entraine, d'autre part, des responsabilités trop lourdes, trop effrayantes. Il ne faut pas détourner les Syndicats de leur but primitif; ils ont été créés pour procurer à nos agriculteurs des engrais, des semences, des machines, à bon prix et de bonne qualité. Achetant en gros, ils obtiennent, par l'importance des commandes, des réductions et cèdent ces marchandises à leurs adhérents au prix coûtant, sans chercher à réaliser des bénéfices. Ils ont ainsi rendu et rendront encore d'immenses services aux populations rurales. Mais il ne faut pas

leur demander de distribuer du crédit ; ce n'est
point pour cela qu'ils ont été créés et leur organisation s'oppose à ce qu'ils puissent le faire. Les
Syndicats ont généralement une circonscription
très étendue et ne peuvent par conséquent connaître la situation exacte de leurs membres, leur
degré de solvabilité. Il ne faut pas courir le risque
de compromettre le succès de ces Sociétés floris-
santes en les transformant en banques agricoles.
Il faut donner, et c'est ce qu'a fait la loi de 1894,
à la Société de crédit une personnalité civile distincte de celle du Syndicat. « Quelle que soit la
combinaison adoptée, nous dit M. Labiche dans
son rapport au Sénat, que la Société soit constituée
par la totalité des membres d'un ou de plusieurs
Syndicats, ou par une partie des membres de ces
Syndicats, cette Société devra toujours avoir une
existence séparée, un caractère distinct du Syndicat ; elle aura un but, des pouvoirs différents,
elle agira comme Société commerciale, tandis
que le Syndicat, société civile, devra se maintenir
dans les attributions restreintes que lui confère la
loi du 21 mars 1884. »

Il fallait mettre d'accord et la Chambre des députés et le Sénat. Une commission extra-parlementaire, nommée par le ministre de l'agriculture
pour examiner les modifications proposées, con-
clut à leur adoption ; elles furent donc introduites

dans le projet et ce fut M. Jean Codet, rapporteur [1], qui les présenta à la Chambre. Nos députés s'opposaient surtout à la modification du titre **de** la loi, qui entraînait l'exclusion des **syndicats** ouvriers, parce que c'était « enl**ever** toute la partie démocratique ». On fit **remarquer** que la Chambre et le Sénat **étaient** saisis d'un projet de loi sur la création de Sociétés coopératives s'occupant spécialement de ces syndicats professionnels, qu'il n'y avait pas, par conséquent, d'inconvénient à laisser pour le moment de côté ces syndicats ouvriers, puisqu'on devait s'occuper d'eux par la suite.

Nos députés se rendirent à ces raisons et votèrent, le 27 octobre 1894, le projet qui est devenu la loi du 5 novembre 1894 [2], relative à la création de Sociétés de Crédit agricole.

Cette loi a été promulguée le 6 novembre 1894.

1. Rapport de M. Codet, 7 juillet 1894. Doc. parlement., n° 787, *J. off.*, p. 1117.

2. Le projet de loi sur les Sociétés coopératives de crédit est né des travaux d'une commission extra-parlementaire instituée en 1883 par M. Waldeck-Rousseau, ministre de l'intérieur, afin : « 1° De rechercher le moyen de faciliter aux Associations ouvrières leur admission aux adjudications et soumissions des travaux de l'État ; 2° d'étudier dans quelle mesure il serait possible d'obtenir des entrepreneurs

Ces petites mutualités agricoles, créées par cette loi, n'avaient ni assez de ressources, ni assez de crédit. Elles manquaient de la première mise de fonds qui leur est nécessaire pour prendre leur essor; elles n'avaient pas d'argent : il fallait leur en apporter.

On pensa que les Caisses d'épargne, comme en Italie, leur seraient d'un concours précieux et leur fourniraient les capitaux qui leur manquaient. Aussi la loi du 20 juillet 1895 vint-elle, dans son article 10, autoriser les Caisses d'épargne à employer la totalité du revenu de leur fortune personnelle et le cinquième du capital de cette fortune, en prêts aux Sociétés coopératives de crédit [1]. Cette loi leur interdit donc de faire des placements

la participation de leurs ouvriers dans les bénéfices de leurs entreprises. »

Les travaux de la commission aboutirent au dépôt, par M. Floquet, ministre de l'intérieur, le 16 juillet 1888, d'un projet de loi « sur les Sociétés coopératives ouvrières de travail et de production et sur le contrat de participation aux bénéfices ».

Les deux Chambres ne sont jamais parvenues à s'entendre sur le texte définitif de la loi; elles amendent réciproquement leurs projets, se les renvoient de l'une à l'autre. Cela dure depuis une dizaine d'années et on ne sait quand cela finira.

1. *Officiel*, 6 août 1895.

directs, et cela avec raison, car elles sont trop éloignées des emprunteurs pour les connaître, et les renseignements qu'elles seraient obligées de prendre sur eux seraient longs, coûteux et surtout plus ou moins sûrs. Et elles ne doivent faire des prêts qu'en toute sécurité, qu'en tout repos ; elles n'ont pas le droit de hasarder dans des placements aléatoires les dépôts qui leur ont été confiés.

Cette loi a déjà rendu de grands services et, grâce à elle, les Caisses d'épargne de Lyon et de Marseille ont fait faire de grands progrès à la cause du Crédit agricole mutuel [1].

La réforme est infime, dit-on ; elle est et devrait être modeste, prudente, car si on avait permis tout d'un coup aux Caisses d'épargne le libre emploi de leurs fonds, si l'État avait retiré sa garantie, ne pouvait-on pas craindre un affolement général et les retraits en masse des déposants, qui n'auraient pas voulu courir les risques d'une mauvaise administration ? Et comment l'État s'y serait-il pris pour rembourser les 4 milliards déposés dans les Caisses d'épargne ?

Cette loi de 1895, malgré ses heureux résultats, était insuffisante. Les petites banques locales

---

1. Voir ROSTAND, *La réforme des Caisses d'épargne françaises.*

créées par la loi de 1894 manquaient de cohésion et de force ; il fallait les relier entre elles, les consolider.

Aussi, dès le 20 décembre 1897, M. Méline, ministre de l'agriculture, dépose, sur le bureau de la Chambre, un projet de loi ayant pour but l'institution de Caisses régionales de Crédit agricole mutuel. Ce projet est adopté, après déclaration d'urgence, le 31 mars 1898. Il est déposé au Sénat le 2 avril 1898, renvoyé en décembre à la commission. M. Lourties en fut le distingué rapporteur. Le projet fut adopté le 31 mars 1899 et prit le titre de « loi ayant pour but l'institution des Caisses régionales de Crédit agricole mutuel et les encouragements à leur donner, ainsi qu'aux Sociétés et aux Banques locales de Crédit agricole mutuel [1]. »

1. *Officiel*, 1er avril 1899.

CHAPITRE IV

Examen et critique des lois du 5 novembre 1894 et du 31 mars 1899.

Loi du 5 novembre 1894 relative à la création de Sociétés de crédit agricole.

Cette loi autorise la création de Sociétés de crédit agricole, mais elle ne s'impose pas. On pouvait avant elle et on peut encore aujourd'hui fonder des Sociétés de crédit agricole régies par la loi de 1867. C'est aux fondateurs que revient le soin d'exprimer nettement dans les statuts le régime qu'ils veulent adopter.

Ces Sociétés, créées par la loi de 1894, sont de véritables sociétés commerciales, soumises à toutes les obligations des commerçants. Si l'article 4 semble les restreindre à la seule tenue des livres de commerce, c'est qu'il avait été fortement question de dispenser ces Sociétés de cette obligation.

Mais on fit remarquer que cette tenue des livres était prescrite aussi bien dans l'intérêt du commerçant que dans l'intérêt des tiers, que c'était une garantie de bonne gestion, qu'en dispenser les Sociétés de crédit agricole serait sans doute une simplification, mais une simplification qui pourrait leur coûter cher. Bref, cette obligation fut maintenue, et c'est pour couper court à toute controverse que l'article 4 la mentionne.

Ces banques rurales jouissent toutefois d'une double faveur : « elles sont exemptes du droit de patente ainsi que de l'impôt sur les valeurs mobilières » (art. 4, al. 2). Et ce n'est que justice : car ces impôts sont assis sur des bénéfices commerciaux qu'elles ne doivent pas réaliser; les Sociétés de crédit agricole ne distribuent pas de dividendes, et les bonis qui peuvent être répartis entre les associés emprunteurs ne sont pour eux que des restitutions. D'ailleurs, avant la loi de 1894, toute Société strictement mutuelle, ne faisant des opérations qu'avec ses seuls membres, échappait à la patente; la nouvelle loi, à ce point de vue, n'innove donc que pour les Sociétés opérant avec des membres de Syndicats non sociétaires. Il nous faut ici signaler un arrêt du Conseil d'État du 24 décembre 1897, qui impose patente aux Caisses du type Raiffeisen, sous prétexte qu'elles réservent une part du boni à des œuvres d'utilité publique

et qu'elles n'obéissent pas ainsi aux règles du prélèvement de l'article 3. Ces Caisses, depuis, ont
heureusement, par de légères modifications à leurs
statuts, échappé à cette jurisprudence, dont l'application entraînerait la ruine de ces associations
qui n'ont pas de fortune et qui ne réalisent pas de
bénéfices.

Lorsqu'une Société de crédit agricole veut se
constituer, elle doit se soumettre à certaines conditions de forme et de fonds.

La loi de 1894 ne le dit pas expressément, mais
suppose tout d'abord la rédaction d'un acte écrit.

Elle énonce, de plus, certaines règles de publicité. Quand la Société apparaît au monde « avant
toute opération, les statuts, avec la liste complète
des administrateurs ou directeurs et sociétaires,
indiquant leurs noms, profession, domicile et le
montant de chaque souscription, seront déposés,
en double exemplaire, au greffe de la justice de
paix du canton où la Société a son siège princi-
pal » (art. 5, al. 2), le juge de paix donne un récé-
pissé et transmet un exemplaire au greffe du tribunal de commerce.

Il y a ici une double innovation : le dépôt de
l'acte de Société est remplacé par le dépôt des
statuts, et ce ne sont plus les intéressés, comme
dans la loi de 1867 (art. 55), qui transmettent
l'exemplaire des statuts au greffe du tribunal de
commerce, mais bien le juge de paix.

Enfin « chaque année, dans la première quinzaine de février, le directeur ou un administrateur de la Société déposera, en double exemplaire, au greffe de la justice de paix du canton, avec la liste des membres faisant partie de la Société à cette date, le tableau sommaire des recettes et des dépenses ainsi que des opérations effectuées dans l'année précédente. Un des exemplaires sera déposé par les soins du juge de paix au greffe du tribunal de commerce » (art. 5, al. 4). Cette prescription est pour faciliter aux intéressés le contrôle des opérations et pour leur permettre d'apprécier les garanties qu'offrent ces Sociétés et la mesure du crédit qu'elles méritent.

Tous ces documents sont publics et seront communiqués à tout requérant (art. 5, al. 5). Cette règle est plus explicite que celle énoncée dans l'article 63 de la loi de 1867, à propos duquel on se demande si les greffes doivent communiquer les documents relatifs aux Sociétés de personnes. Le doute ici n'est plus possible.

Nous arrivons aux conditions de fonds imposées par la loi de 1894 aux sociétés de Crédit agricole.

Elles doivent, en premier lieu, être constituées, soit par la totalité des membres d'un ou de plusieurs Syndicats professionnels agricoles, soit par une partie des membres de Syndicats (art. 1, al. 1). Composées ainsi uniquement d'agriculteurs, elles n'auront pas la tendance, espère-t-on, de toutes les institutions fondées par des capitalistes en vue de favoriser le Crédit agricole, tendance qui les porte à s'éloigner de leur but et à se lancer dans des spéculations financières qui n'ont rien de commun avec l'agriculture.

« Le capital social ne peut être formé par des souscriptions d'actions » (art. 1, al 3). Il pourra être constitué à l'aide de parts souscrites par les membres de la Société, parts nominatives qui peuvent être de valeur inégale, transmissibles par voie de cession aux membres des Syndicats et avec l'agrément de la Société. On a voulu ainsi éviter que des non-agriculteurs ou que des agriculteurs non syndiqués puissent s'introduire dans la Société.

Mais des Sociétés peuvent se constituer sans capital ; M. Labiche le dit expressément dans son rapport : « Bien que cette hypothèse ne doive, suivant nous, se réaliser que rarement en France, on peut supposer que certaines Sociétés pourront fonctionner sans capital social. Il pourrait en être ainsi dans le cas, notamment, où les statuts stipuleraient la responsabilité solidaire et illimitée des associés, ainsi que cela a lieu dans la plupart des Sociétés de crédit en Allemagne et dans les Sociétés Wollemborg en Italie. Les ressources nécessaires au fonctionnement de la Société pourraient alors être obtenues sans capital social, au moyen des fonds de dépôts ou d'emprunts garantis par la responsabilité solidaire et illimitée de tous les associés ».

« La Société ne pourra être constituée qu'après versement du quart du capital souscrit » (art. 1, al. 4). Il s'agit ici, bien entendu, du quart du capital social tout entier et non du quart de chaque part souscrite. Tous les souscripteurs ne sont pas, en effet, toujours en état de verser de suite le quart de leur mise ; les plus fortunés pourront donc verser davantage en attendant les autres. Il est évident que cette règle ne peut s'appliquer aux Sociétés du type Raiffeisen. La loi de 1867 (art. 51, al. 3), plus libérale, se contentait pour les Sociétés coopératives du versement du dixième du capital social. On s'est demandé si elle était encore applicable aux Sociétés de Crédit agricole fondées sous la loi de 1894, mais qui auraient revêtu la forme de Société à capital variable. Il nous semble que non ; la loi de 1894, dans son article 1, alinéa 4, nous semble assez explicite, assez affirmative. Et de sa sévérité, il ne faut pas s'étonner ; nous verrons plus loin, à propos de la réserve, qu'elle s'est montrée là aussi plus rigoureuse que la loi de 1867.

Comment sera constaté ce versement du quart du capital? La loi est sur ce point muette. Faut-il s'en rapporter aux dispositions de la loi de 1867 et exiger un acte notarié? Nous ne le pensons pas : la loi de 1894 se suffit à elle-même. Ce serait d'ailleurs aller à l'encontre de son but, qui est de réduire le plus possible les frais qui viennent grever les Sociétés, afin de faciliter leur création et leur développement.

La loi de 1894 permet donc aux Sociétés de crédit agricole d'adopter le type, soit de la Société en nom collectif, soit de la Société en commandite par intérêts, soit de la Société anonyme où les parts sociales ne sont pas des actions, mais des intérêts. Elles peuvent, de plus, revêtir la forme de Société à capital variable, et en fait la revêtiront presque toujours ; car cette forme est indispensable, inévitable pour les agriculteurs qui doivent composer ces sociétés. Leurs ressources, en effet, sont modiques : ils ne peuvent verser de suite le capital qui ne se forme que peu à peu et qu'il faut permettre d'agrandir par l'arrivée de nouveaux associés ; on ne peut enfin les lier pour toujours à la Société ; il faut que chaque associé ait la faculté de se retirer de l'association en emportant sa mise. Ces banques seront mutuelles et devront être mutuelles, pour pouvoir vivre, car, comme nous le dit M. Méline, « le prêt agricole, pour être sérieux, suppose un jugement porté sur la personne de l'emprunteur autant que sur sa situation matérielle, et on comprend aisément que le jugement ne puisse être porté avec certitude que par des hommes vivant en quelque sorte d'une façon quotidienne avec lui, le connaissant à fond, sachant bien quel emploi il fait de ce crédit qu'on lui accorde. Il faut, de plus, que l'impartialité de ceux qui portent ce jugement soit garantie par leur responsabilité personnelle. C'est la seule manière de prévenir des complaisances trop faciles. »

Le législateur lui-même, tout en reconnaissant dans l'article 1er, alinéa 5, qu'il peut y avoir des cas où la Société ne sera pas constituée sous la forme de Société à capital variable, garde l'impression qu'en fait toutes les Sociétés de crédit agricole seront des Sociétés coopératives : la rédaction de la loi s'en ressent et l'article 5, alinéa 4, qui nous dit, à propos des conditions de publicité, que, chaque année, dans la première quinzaine de février, on devra déposer au greffe de la justice de paix du canton « la liste des membres faisant partie de la Société à cette date », semble admettre que ces Sociétés seront toujours des Sociétés à personnel variable. Enfin, la loi du 31 mars 1899, qui n'est que le complément de la loi de 1894, nous dit, dans son titre même, qu'elle a pour but les encouragements à donner : « aux Sociétés et aux banques locales de crédit agricole mutuel ». Tant il est vrai que le législateur a eu presque uniquement en vue la création de coopératives, la création de Sociétés à personnel et à capital variables.

Mais cette variabilité indispensable du capital aurait pu devenir dangereuse ; on ne doit pas pouvoir réduire indéfiniment le capital social, gage des créanciers. D'après la loi de 1867 (art. 51), les retraits des associés ne pouvaient faire descendre le chiffre du capital au-dessous d'un chiffre fixé par les statuts, somme qui ne pouvait elle-même être inférieure au dixième du capital social. Désormais (art. 1, al. 5) « dans le cas où la Société sera constituée sous la forme de Société à capital variable, le capital ne pourra être réduit par les reprises des apports des sociétaires sortants au-dessous du montant du capital de fondation. »

Et suivant le type de la Société que l'on a adopté, les associés seront tenus, soit comme associés en nom collectif, soit comme commanditaires d'une commandite par intérêts, soit comme titulaires d'une part d'intérêt dans une Société anonyme. Mais les statuts, et c'est ici une grande innovation de la loi, ont le droit de régler comme ils l'entendent, « l'étendue et les conditions de la responsabilité qui incombera à chacun des sociétaires dans les engagements pris par la Société » (art. 2, al. 3). Ils peuvent limiter la responsabilité comme ils le veulent ; ils peuvent la fixer à l'apport, soit la porter à un multiple quelconque de cette part, soit adopter la solidarité illimitée. Dans la séance de la Chambre du 21 mai 1894, M. Viger, ministre de l'agriculture, s'exprimait ainsi : « Nous avons, dans notre loi, laissé aux statuts le soin de prévoir quelle sera la limitation de la responsabilité : si une Association, si un Syndicat veut engager sa responsabilité d'une manière illimitée, il le fera, mais nous n'en faisons nullement une obligation ». La loi de 1894 crée donc un nouveau type de Société, la Société en nom collectif à responsabilité limitée. Ce type, jusqu'ici inconnu dans notre législation, nous vient d'Allemagne, où les lois de 1868 et de 1889, complétées par la loi du 29 avril 1892, ont permis aux coopératives de limiter la responsabilité de leurs membres. Il existe aussi en Italie, en Autriche, où, d'après la loi du 9 avril 1873, chacun est tenu jusqu'à concurrence de sa mise et, en outre, pour une somme égale au montant de cette mise.

Cette limitation de la responsabilité a l'avantage de ne pas effrayer les sociétaires, parce que chacun sait exactement à quoi s'en tenir sur ses engagements.

De ces engagements, les membres qui se retirent d'une Société ayant adopté la forme coopérative, ne sont libérés qu' « après la liquidation des opérations contractées par la Société antérieurement à leur sortie » (art. 2, al. 4). D'après l'article 52 de la loi de 1867, l'associé qui cesse de faire partie d'une Société à capital variable reste pendant cinq ans tenu, envers ses co-associés et envers les tiers, des obligations existant au moment de sa retraite. La loi de 1894 a supprimé ce délai libératoire.

Une fois que la Société est organisée, c'est aux statuts à régler son organisation et son fonctionnement (art. 2, al. 1).

Quant aux opérations que peuvent faire ces Sociétés, il faut nous en rapporter à l'article 1, alinéa 2 ; cet article énonce les actes permis à ces banques, mais il n'est pas limitatif. Cependant leur champ d'action est limité à cause même de leur but ; elles ne peuvent faire que des opérations « concernant l'industrie agricole ». Mais elles peuvent faire des opérations avec des Syndicats ou des membres de Syndicat qui lui sont demeurés étrangers. « La Société de crédit agricole, nous dit M. Labiche, pourra faire des affaires avec des adhérents non sociétaires, comme dans les Sociétés coopératives de consommation ». Le législateur a voulu en même temps pousser vers les Syndicats et ne pas restreindre le développement des Sociétés de crédit agricole. Ces adhérents non sociétaires prendront part à la répartition des bénéfices sous forme de bonis, prévue par l'alinéa 3 de l'article 3.

Les diverses opérations de banque rentrent dans la sphère de ces Sociétés. Elles constitueront un fonds de roulement, soit avec les dépôts de fonds en comptes courants avec ou sans intérêts faits par les adhérents, dépôts dont le maximum est déterminé par les statuts (art. 2, al. 2), soit avec les emprunts qu'elles pourront contracter (art. 1, al. 2).

Elles feront des avances d'argent aux Syndicats ou aux membres de Syndicats agricoles. Elles leur fourniront leur garantie en prenant leur papier à l'escompte et en le revêtant de l'endos social. Elles permettront ainsi à la loi du 18 juillet 1898 sur les warrants agricoles de ne plus être une loi toute théorique et d'avoir des résultats pratiques. Leur but est de faciliter et de garantir les opérations concernant l'industrie agricole (art. 1, al. 1) et, pour cela, elles pourront « se charger, relativement aux opérations concernant l'industrie agricole, des recouvrements et des paiements à faire pour les Syndicats et pour les membres de ces Syndicats » (art. 1, al. 2). Elles pourront, en un mot, leur servir de banquier.

Elles trouveront de quoi couvrir les frais et accroître leurs réserves dans les prélèvements qu'elles feront sur leurs opérations et que les statuts détermineront (art. 3, al. 1).

Ces commissions, prélevées sur les opérations « après acquittement des frais généraux et paiement des intérêts des emprunts et du capital social, seront d'abord affectées, jusqu'à concurrence des trois quarts au moins, à la constitution d'un fonds de réserve, jusqu'à ce qu'il ait atteint au moins la moitié de ce capital » (art. 3, al. 2).

La loi de 1867 (art. 36) était beaucoup moins rigoureuse ; il suffisait du prélèvement d'un vingtième, et cela seulement jusqu'à ce que le fonds de réserve ait atteint le dixième du capital social. Cette règle ne peut évidemment pas s'appliquer aux Sociétés créées et fonctionnant sans capital social ; les bénéfices dans ces Caisses seront en totalité attribués au fonds de réserve.

Quant au surplus, non absorbé par la réserve, il ne peut, en aucun cas, être partagé sous forme de dividende, entre les membres de la Société. Le quart restant des bénéfices nets pourra être réparti, à la fin de chaque exercice, entre les Syndicats et entre les membres des Syndicats au prorata des prélèvements faits sur leurs opérations (art. 3, al. 3). Plus un associé aura fait d'affaires avec la Société, plus sa part dans les bonis sera grande.

Mais les associés conservent un droit éventuel au capital social. « A la dissolution de la Société, il sera partagé entre les sociétaires, proportionnellement à leur souscription ». Et, pour éviter que les associés ne soient tentés de provoquer la dissolution de la Société pour s'approprier le capital, les statuts peuvent d'avance en affecter « l'emploi à une œuvre d'intérêt agricole » (art. 3, al. 4). Il ne saurait, d'ailleurs, être considérable, car le Crédit agricole exige des prêts à taux minimes qui ne permettent pas l'accumulation de gros bénéfices.

L'observation de la loi et des statuts est garantie par un ensemble de dispositions qui détermineront la responsabilité pécuniaire et pénale des contrevenants. Si les administrateurs violent les statuts ou les dispositions de la présente loi, ils sont personnellement responsables du préjudice résultant de cette violation (art. 6, al. 1). Toute personne, associée ou non, ayant subi de ce fait un préjudice, peut invoquer cet article.

Les administrateurs ont, de plus, une responsabilité pénale. « Ils pourront être poursuivis et punis d'une amende de 16 à 200 francs » (art. 6, al. 2). L'amende pourra être portée à 500 francs au cas de fausse déclaration relative aux statuts ou aux noms et qualités des administrateurs, des directeurs ou des sociétaires.

En outre, la nullité de la Société, si elle n'est pas la conséquence nécessaire de la violation de la loi ou des statuts, peut être demandée par le procureur de la République au tribunal correctionnel ; cette mesure est purement facultative et le tribunal appréciera s'il y a lieu de prononcer la dissolution de la Société.

L'article 7 rend cette loi applicable à l'Algérie et aux colonies.

Loi du 31 mars 1899.

La loi du 31 mars 1899[1] vient compléter d'une
manière très heureuse la loi de 1894. Elle autorise
la création de Caisses régionales de crédit agricole
mutuel, mais elle ne crée pas elle-même ces Caisses
régionales. Ce sont les Syndicats agricoles, les
Unions de syndicats agricoles, les Sociétés locales
de crédit qui, au fur et à mesure des besoins, les
fondent et les constituent. C'est l'organisation du
Crédit agricole par le bas et de bas en haut. Leur
nombre, que le projet Méline fixait à vingt-six, une
Caisse régionale devant exister dans chaque ressort de Cour d'appel, n'est pas limité; on laisse
le soin aux statuts (art. 5, al. 3) de déterminer
l'étendue du territoire sur lequel elles peuvent
opérer, d'indiquer leur circonscription territoriale.
On ne pouvait faire autrement, car comment prévoir l'intensité du mouvement mutualiste de
demain?

Ces Caisses régionales reposent entièrement sur
le principe de la mutualité; cela résulte du titre
même de la loi qui nous dit qu'elle a pour but
l'institution des Caisses régionales de crédit agri-

1. *Officiel,* 1ᵉʳ avril 1899.

cole « mutuel ». Avec la mutualité et la responsabilité qu'elle entraine, on a en effet la certitude que les renseignements donnés sur la clientèle agricole seront d'une exactitude rigoureuse.

Ces banques doivent se constituer sous le régime de la loi de 1894. « Elles ont, nous dit M. Lourties dans son rapport, pour point d'appui les Syndicats et pour base les dispositions de la loi du 5 novembre 1894 ». Elles devront donc se soumettre à toutes les conditions de forme et de fonds, imposées par le législateur aux Sociétés locales de crédit. Elles pourront avoir un capital social, mais il ne pourra être composé que de parts souscrites par des agriculteurs syndiqués. Le nombre des parts, l'intérêt à leur allouer qui ne pourra dépasser 5 %. du capital versé, seront déterminés par les statuts (art. 5, al. 4). Les deux tiers au moins de ces parts seront réservés de préférence aux Sociétés locales.

Ayant toutes les obligations des petites banques locales, elles auront ainsi tous leurs droits : c'est ainsi qu'elles bénéficieront de l'exemption du droit de patente et de l'impôt de 4 %. sur les valeurs mobilières.

Elles viennent faciliter la mission parfois difficile des Sociétés locales. Ces petites banques, qui ne peuvent opérer que dans un territoire très restreint, ne peuvent avoir, à cause du petit nombre de leurs clients, une moyenne constante d'affaires;

leurs fonds ne sont employés que d'une manière
intermittente. Elles ont des dépôts inutilisés dont
il leur faut payer l'intérêt, ou si, pour éviter cet
inconvénient, elles refusent les dépôts, il peut leur
arriver d'être sans argent le jour où on leur en
demandera. Les Caisses régionales désormais rece-
vront le trop plein des Sociétés locales et alimen-
teront celles dont l'encaisse est trop basse et trop
insuffisante. Opérant sur un territoire plus vaste,
elles auront un mouvement d'affaires plus considérable, plus soutenu, et opéreront plus facilement
la compensation des offres et demandes des capitaux.

Elles ont pour but « de faciliter les opérations
concernant l'industrie agricole effectuées par les
membres des Sociétés locales de crédit agricole
mutuel de leur circonscription et garanties par
ces Sociétés » (art. 2, al. 1). Il résulte des travaux
préparatoires que par ces mots : « Sociétés locales
de crédit agricole mutuel de leur circonscription »,
on doit comprendre non seulement les Sociétés de
crédit agricole fondées sous l'empire de la loi
de 1894, mais encore celles qui ont été établies
sous l'empire de la loi de 1867.

Les Caisses régionales ne font pas directement
des opérations avec les agriculteurs : elles ne sont
pas ainsi obligées de les connaître individuellement. Elles ne traitent qu'avec les Sociétés locales

seules dont elles peuvent plus facilement connaître
la ressource et la solvabilité. Dans le projet primitif
du gouvernement, chaque Banque régionale fonc-
tionnait comme Société locale de crédit agricole
dans l'étendue de l'arrondissement où serait situé
son siège : la Chambre, avec raison, leur a enlevé
cette attribution allant à l'encontre de leur but
qui est la diffusion des Sociétés locales de crédit
agricole.

Elles sont les protectrices naturelles des Sociétés locales ; elles leur feront les avances nécessaires à leur fonds de roulement et escompteront les
effets endossés par elles (art. 2, al. 2 et 3). Elles
sont les intermédiaires tout indiqués entre ces Sociétés et la Banque de France ; elles donneront
gratuitement la troisième signature nécessaire à
l'effet pour qu'il soit pris par la Banque et évite-
ront ainsi le paiement d'une commission qui, si le
billet est renouvelé plusieurs fois, augmente l'intérêt de l'escompte dans des proportions notables.

En outre de ce rôle de tuteur, de surveillant des
Banques locales, elles ont un autre rôle à remplir :
elles ont à susciter la création au-dessous d'elles
de ces petites Sociétés mutuelles ; elles ont à faire
l'apostolat de la mutualité agricole.

Pour remplir ce rôle de banquier, les Caisses régionales devaient avoir de l'argent.

Elles peuvent tout d'abord se constituer un fonds

de roulement, soit au moyen de dépôts en comptes courants dont le maximum à recevoir doit être fixé par les statuts (art. 5, al. 4), soit au moyen d'emprunts.

Elles trouvent d'autres ressources dans l'émission de bons spéciaux garantis par les effets en portefeuille. Ces bons, créés pour une durée de deux ans au plus, servent pour les placements temporaires, et, une fois entrés dans les mœurs de nos populations rurales, circuleront comme des sortes de bons du Trésor. Leur maximum, qui est déterminé par les statuts, réuni à celui des dépôts à recevoir en comptes courants, ne pourra excéder les trois quarts du montant des effets en portefeuille (art. 5, al. 4).

Mais ces ressources étaient loin d'être assez considérables ; il ne suffisait pas de décréter théoriquement la création de ces Sociétés, il fallait leur donner les moyens pratiques de fonctionner, de vivre ; il fallait leur donner de l'argent.

Aussi la loi du 31 mars 1899 met-elle à la disposition des Caisses régionales, à titre d'avances sans intérêts, « la somme de 40 millions et la redevance annuelle à verser au Trésor par la Banque de France, en vertu de la convention du 31 octobre 1896, approuvée par la loi du 17 novembre 1897 ». Cette redevance annuelle (art. 5 de la loi de 1897) est égale au produit du huitième du taux de l'escompte par le chiffre de la circulation productive, sans qu'elle puisse être inférieure à 2 millions.

Elle sera d'ailleurs en fait, estime-t-on, de beaucoup supérieure à ce chiffre minimum.

Les Caisses régionales sont donc chargées de répartir ces sommes ; constituées d'après la loi de 1894, elles étaient, en effet, tout indiquées pour les distribuer au mieux des intérêts agricoles et avec toute la sécurité désirable.

On a donc ainsi renoncé, pour la répartition de ces 40 millions, au système de la Banque centrale. Les exemples fâcheux de la Société agricole de 1860, de la Banque centrale de crédit au travail de 1860, de la Caisse d'escompte des Associations populaires de 1865, de la Caisse centrale de l'épargne et du travail de 1880, démontrent amplement les dangers de ce système [1]. Une Banque centrale est placée trop loin des agriculteurs pour les connaître et être connue d'eux. Elle est dans l'impossibilité matérielle de prendre contact avec les besoins locaux du crédit personnel, de faire l'édu-

[1]. Nous avons à enregistrer de nos jours l'échec du « Syndicat national du Crédit agricole », banque centrale avec siège social à Paris, fondée, en vertu de la loi du 5 novembre 1894, pour favoriser le développement de l'agriculture par la mutualité, l'épargne et le crédit.

cation économique des cultivateurs en matière
agricole et de leur apprendre les avantages qu'ils
ont à recourir au crédit d'une banque. Elle aura
beau créer des succursales et multiplier ses cor-
respondants, elle n'arrivera jamais à pénétrer
jusqu'au fond des campagnes et à se créer ainsi la
clientèle agricole indispensable à son fonctionnement régulier et à sa prospérité.

Une banque d'État serait aussi mal placée qu'une
banque centrale. Dans bien des cas, les questions
politiques et électorales tiendraient plus de place
que le souci de distribuer le crédit à bon escient
et avec sécurité. L'État, de plus, ne pourrait suivre
l'emploi des fonds dont il serait responsable, à
l'échéance du privilège, envers la Banque de
France.

Enfin, certains ont prétendu qu'il aurait été plus
simple que la Banque de France mît elle-même
des capitaux à la disposition des Caisses locales,
en escomptant leur papier et en leur ouvrant de
modestes crédits. Elle réunirait tous les inconvénients d'une banque centrale. Dans l'intérêt supérieur du crédit de ce grand établissement, qui est
si intimement lié au crédit de l'État, il importe
que son portefeuille soit facilement et prompte-
ment réalisable. Il y aurait danger à forcer la Banque de France dont le papier est remboursable à
vue, à prendre et à conserver du papier dont le

remboursement ne peut être demandé utilement avant une période de douze mois. Si elle a bien voulu ouvrir des crédits aux agriculteurs de la Nièvre, par exemple, c'est qu'il y avait là une clientèle spéciale, une clientèle « d'emboucheurs » achetant du bétail maigre pour le revendre après quelques mois d'engrais. Il s'agit ici d'un prêt à court terme et la Banque ne courrait pas le risque d'immobiliser ses fonds. Elle escompte aussi, il est vrai, le papier de certains Syndicats agricoles, mais c'est encore ici un cas tout spécial. Ces Syndicats achètent des engrais ou autres marchandises pour les revendre à leurs membres contre argent comptant ; il faut seulement donner le temps de faire parvenir les marchandises à ceux qui les ont commandées ; le terme de trois mois est suffisant.

Les 40 millions et la redevance annuelle due au Trésor par la Banque de France sont attribués aux Caisses régionales à titre « d'avance sans intérêts ». On a fort critiqué ce système des prêts gratuits. On aurait pu arriver, dit-on, sans imposer aucune charge à ces Caisses, en les obligeant seulement à des mesures de prudence, au moyen d'une annuité d'amortissement et d'intérêt, à assurer le remboursement automatique du capital avancé ; on aurait ainsi dégagé la responsabilité de l'État qui est redevable à la Banque de son avance. Mais on a estimé que l'agriculture agonisante avait besoin d'un secours immédiat, énergique ; qu'il fallait hâter le plus possible l'éclosion, difficile au commencement, de ces utiles associations. Par cette gratuité de l'intérêt, on a voulu permettre aux Banques régionales de réduire à son minimum le taux des prêts et de l'escompte et faire bénéficier l'agriculture de cette réduction.

« Le montant des avances faites aux Caisses régionales ne pourra excéder le montant du capital versé en espèces » (art. 3, al. 1). Il faut tout d'abord remarquer qu'il s'agit de simples avances ne pouvant être faites pour une durée de plus de cinq ans, renouvelables toutefois, que les Sociétés doivent rembourser à l'Etat. Ce ne sont pas des subventions, des allocations à titre définitif qui supprimeraient le plus puissant ressort des Sociétés, la responsabilité, amolliraient la vigilance des administrateurs, favoriseraient les abus et les gaspillages. Les 40 millions ne sont pas, de plus, mis dès le premier jour à la disposition des Caisses agricoles ; ils ne sont répartis que peu à peu, successivement, suivant le nombre et l'intensité des besoins. Le surplus sera mis en réserve, portant intérêt au bénéfice de l'œuvre.

Cette limitation des avances au capital versé en espèces est, pour nous, tout à fait inutile. Ce capital social, réuni à grand peine par les Sociétés régionales, sera souvent minime, car, on le sait, l'agriculture manque précisément d'argent. Ou bien la générosité de l'État ne servira à rien, ou bien c'est nécessiter, pour la formation de ce capital, des interventions financières qu'il faudrait éviter à tout prix et dont nous venons d'avoir un exemple tout récent lors de la fondation du Syndicat national du crédit agricole. Cette banque n'a pu parvenir à se constituer, les 40 millions qui devaient composer son capital social n'ayant pas été souscrits. En supposant même qu'elle eût réussi à se former, elle n'était pas viable : ce Syndicat, dont le siège social était à Paris, aurait eu d'abord tous les inconvénients d'une banque centrale. Et surtout il avait des frais énormes, qui devaient engloutir tous les bénéfices. Le courtier banquier de cette affaire se réservait à lui seul six millions ! Tout le haut personnel, le président, le vice-président du conseil général, président du comité d'administration, les administrateurs délégués, devaient recevoir un traitement fixe annuel ; les autres membres du conseil général touchaient des jetons de présence ; les commissaires, eux aussi, étaient appointés. Dans ces conditions, il eût été difficile au Syndicat national de procurer à bon marché le crédit aux cultivateurs et d'atteindre ainsi le but qu'il disait être le sien.

L'article 3, enfin, est incomplet. Il ne prévoit pas le cas des Sociétés du type Raiffeisen. Sur quoi règlera-t-on le montant des avances qu'on peut leur faire? Évidemment, pas sur leur capital, puisqu'elles n'en ont pas. Sur quoi, alors? Devant le silence profond de la loi, il nous semble que la commission chargée de répartir les avances, organisée par l'article 4, aura toute latitude pour apprécier le *quantum* des avances à faire aux Caisses à responsabilité illimitée.

Le montant de ces avances ne sera pas forcément égal au capital versé. Il ne faut pas, en effet, étouffer l'initiative et l'activité des individus en leur faisant des avances trop considérables, qui les auraient dispensés de tout effort personnel. Il faut qu'ils s'aident eux-mêmes, qu'ils fassent preuve de capacité, d'énergie et de constance : le secours de l'État est à ce prix. On devrait enfin garantir l'État contre les pertes possibles.

C'est une commission (art. 4) qui appréciera les services qui peuvent être rendus par ces Caisses régionales et qui fixera la quotité des avances.

Cette commission, nommée par décret, sera ainsi composée : Le ministre de l'agriculture, président; deux sénateurs; trois députés; un membre du Conseil d'État; un membre de la Cour des comptes, le gouverneur de la Banque de France ou son délégué; deux fonctionnaires du ministère des finances; trois fonctionnaires du ministère de l'agriculture; six représentants des Sociétés de

Crédit agricole mutuel régionales ou locales, choisis parmi les membres de ces Sociétés; trois membres du Conseil supérieur de l'agriculture.

Le système du gouvernement chargeait le Conseil d'Etat de statuer, par un règlement d'administration publique, sur les bases et les conditions de l'attribution des avances. Au Conseil d'Etat dont la compétence en matière de répartition de fonds à des Associations agricoles peut être contestée, la Chambre a substitué cette commission spéciale qui présente à cet égard un peu plus d'aptitude.

L'Etat, qui s'est fait le bailleur de fonds de ces Caisses régionales, devait avoir les moyens de contrôle et de surveillance sur ces banques. Ils seront fixés pas un décret, rendu sur l'avis de la commission (art. 5, al. 1).

Les statuts de ces Caisses devront être déposés au ministère de l'agriculture, et le ministre ne devra les approuver que s'ils sont conformes aux prescriptions de la loi et s'ils contiennent toutes les déterminations imposées par le législateur.

Enfin, pour permettre le contrôle du Parlement, l'*Officiel* publiera, chaque année, le compte rendu des opérations faites en exécution de la présente loi, adressé par le ministre de l'agriculture au président de la République (art. 6).

Le Crédit agricole est donc organisé en France

par les lois du 5 novembre 1894 et du 31 mars 1899.

Notre législateur a été hanté par l'exemple des institutions de crédit allemandes; il s'est inspiré des principes de Schulze-Delitzsch et de Raiffeisen et a cherché une transaction pratique entre les deux systèmes. Il a voulu être libéral avant tout, laisser aux Sociétés le soin d'adopter la forme qui répondrait le plus à leurs besoins et s'adapterait le mieux à leur milieu. On ne saurait le blâmer de cette réserve prudente et sage.

C'est aux statuts, et ceci est un souvenir de la loi allemande du 1er mai 1889, de choisir entre la responsabilité limitée et la responsabilité illimitée; c'est aux statuts de décider de la rémunération des administrateurs; c'est aux statuts qu'appartient le soin de régler la composition du capital et la proportion dans laquelle chacun des membres contribuera à sa constitution. Le législateur, on le voit, a laissé la plus grande liberté aux Sociétés; il n'a édicté de règles que lorsqu'elles étaient nécessaires à la réalisation de son double but, qui est de fermer hermétiquement la porte à toute idée de spéculation et de créer le crédit par en bas. Ce sont les deux idées maitresses du système Raiffeisen que notre législation s'approprie.

Pour que ces Sociétés de Crédit ne soient pas pour certains financiers, pour certains spéculateurs des moyens de faire des affaires, elles ne

peuvent être créées que par tout ou partie des
membres d'un Syndicat professionnel agricole,
c'est-à-dire par des individus ayant tous des intérêts agricoles. En deuxième lieu, les parts qui
composent le capital social, car notre système
français se sépare un moment du système Raiffeisen et admet l'existence d'un capital social, souscrit par les membres de la Société, ayant pour but
de donner plus de crédit à la Caisse et d'exciter
l'individu à l'épargne, ces parts, disons-nous, sont
nominatives et ne peuvent être transmises à des
membres de Syndicat qu'avec l'agrément de la
Société. Le trafic de ces parts est ainsi rendu impossible. Enfin, pour que les membres de ces
Banques rurales ne soient pas tentés d'oublier que
leur but unique est de procurer du crédit au meilleur marché possible, toute répartition de bénéfices sous forme de dividende est interdite. Les associés n'ont pas ainsi intérêt à élever le taux des
prêts pour augmenter de cette façon leurs bénéfices, et ces Sociétés de crédit ne risquent pas de
devenir, comme certaines Vorschussvereine en
Allemagne, de véritables Caisses d'usuriers.

Le législateur a voulu créer des Sociétés locales,
exerçant dans un territoire très restreint, dont
tous les membres puissent se connaître réciproquement : les prêts ne se font ainsi qu'avec discernement et avec sécurité ; chacun a tout le crédit

et non que le crédit qu'il mérite. Le législateur a voulu que l'épargne locale puisse faire des prêts aux gens du voisinage pour leur permettre des opérations qu'on pourra suivre des yeux et qui se feront à côté et autour de ceux dont l'épargne sera employée.

Ces petites banques vraiment populaires sont installées dans les centres agricoles et non dans les villes, ont de nombreux points de contact avec les paysans dont elles peuvent ainsi faire l'éducation économique. Elles respectent enfin les habitudes et les préjugés du monde agricole : « car, nous dit M. Méline, il répugne profondément à l'homme de la campagne d'aller demander de l'argent à une grande banque de ville ; il lui semble, par le seul fait qu'il se présente au guichet d'une grande banque centrale, qu'il affirme aux yeux du public ses besoins et sa détresse ; il craint de nuire à son crédit au lieu de le fortifier. Si vous voulez que l'agriculteur s'adresse aux Sociétés de crédit, il faut que ces Sociétés puissent être considérées comme son œuvre à lui : il faut qu'il puisse dire : cette banque est la mienne, l'argent qui s'y trouve est à moi, c'est dans ma propre bourse que je viens puiser. »

Mais ces banques locales étaient trop seules, trop isolées, trop faibles ; le législateur leur a laissé, au fur et à mesure qu'elles se multiplient

et qu'elles sentent le besoin de s'unir, le soin de
créer des Caisses régionales chargées de les relier
et de les consolider. C'est le système allemand où
les Caisses régionales ont suivi pas à pas l'évolution des Caisses locales. C'est l'organisation du
Crédit par en bas et de bas en haut.

Telle est l'œuvre de notre législateur. Les critiques ne lui ont pas été ménagées.

A la loi du 5 novembre 1894, on a tout d'abord
reproché de ne rien changer, de n'apporter aucune
innovation dans notre législation et par conséquent d'être complètement inutile. Que vient faire
en effet cette loi ? Elle dit aux agriculteurs : « vous
pouvez vous unir et fonder des Sociétés de crédit ». Mais notre législation ne leur permettait-elle
pas déjà de fonder des banques mutuelles ?
N'avons-nous pas la loi du 24 juillet 1867 ? Son
titre III : « dispositions particulières aux Sociétés
à capital variable » ne s'occupe que de ces associations coopératives; elle apporte des règles spéciales qui ont pour but de favoriser et de faciliter
leur création. Si le législateur ne s'est pas servi
de l'expression « Association coopérative » et lui
préfère celle de Société à capital variable, c'est
qu'il n'a pas voulu avoir l'air de faire une législation spéciale pour les ouvriers et faire une loi res-
treinte à une certaine catégorie de Sociétés : il a

voulu conserver à la loi une certaine élasticité lui permettant de s'appliquer à des types futurs de Sociétés qu'il ne saurait prévoir.

Ces Sociétés à capital variable ne sont pas un type de Société (art. 48 de la loi 1867), c'est une modalité qu'on peut appliquer à une Société en nom collectif, en commandite ou anonyme. On peut donc créer une Société en nom collectif à capital variable, une Société en commandite à capital variable, une Société anonyme à capital variable. On peut ainsi adopter soit la responsabilité limitée, soit la responsabilité illimitée.

Pour les Sociétés anonymes à capital variable, la loi du 1er août 1893 a abaissé le chiffre minimum de l'action à 25 fr. ; le versement à effectuer n'est plus que du dixième du capital social ; une Société anonyme doit se composer d'au moins sept membres. Il faut un capital de $\frac{7 \times 25}{10}$. Il suffit donc d'un capital de 17 fr. 50 pour que la Société puisse marcher !

Est-ce que notre législation n'était pas suffisamment libérale? Est-ce que d'ailleurs, sous l'empire de nos anciennes lois, nous n'avons pas assisté à l'éclosion et au fonctionnement de banques mutuelles? Nous avons les Banques de Poligny, de Senlis, de Saint-Florent-sur-Cher, etc..., les Caisses à responsabilité illimitée de M. Durand dans la région lyonnaise. Il n'y a pas d'obstacle légal s'opposant à la création de Sociétés, d'Unions de crédit.

La loi de 1894 ne prescrit rien, n'interdit rien ; elle n'autorise que ce qui est déjà permis. Elle n'innove même pas, lorsqu'elle dit que le capital ne peut être formé qu'avec des parts qui ne sont cessibles qu'à des membres de la Société et avec l'agrément des autres sociétaires. Est-ce qu'avant elle une Société par actions, dans ses statuts, ne pouvait pas interdire la cession d'actions à des personnes n'en faisant point partie et non agréées par elle?

Pourquoi alors toucher à notre législation? C'est que, et c'est la raison d'être de la loi de 1894, la législation commerciale est trop compliquée pour les hommes de la campagne. Les Sociétés à capital variable étaient soumises aux mêmes règles de publicité que les autres Sociétés : elles devaient avoir recours aux journaux et cela exigeait certaines dépenses. La souscription du capital et des versements devaient être constatés dans un acte notarié. Il fallait enfin émettre des actions. La loi de 1894 simplifie les règles de la publicité : il suffit de déposer les statuts au greffe de la justice de paix et au greffe du tribunal de commerce. Il n'y a pas d'actions : le capital se composera soit de cotisations, soit de parts d'intérêt. Enfin pour garantie du public, chaque année le tableau som-

maire des recettes et des dépenses est déposé au
greffe de la justice de paix et au greffe du tribunal
de commerce.

Le but de la loi de 1894 est modeste ; elle ne prétend pas créer de toutes pièces le Crédit agricole.
Elle veut seulement se servir du cadre syndical
créé dans nos campagnes par la loi de 1884, afin
de permettre aux Syndicats de faire des opérations
de crédit entre leurs membres et notamment d'accélérer le mouvement vers le progrès qui a été si
fructueux pour la production agricole, en popula-
risant l'emploi des engrais chimiques, des semences sélectionnées et de machines perfectionnées.
Elle veut stimuler les initiatives et inviter les agriculteurs à former des Sociétés, en simplifiant les
formalités imposées par la loi du 24 juillet 1867 et
en leur accordant des avantages tels que l'exemption des droits de patente et de l'impôt mobilier.

La loi du 31 mars 1899 a, à son tour, soulevé
des critiques. A quoi sert-elle, a-t-on demandé ?
Elle ne crée rien par elle-même ; elle se borne à
encourager et à subventionner les institutions nées
de l'initiative individuelle. Mais ces 40 millions
qu'elle met à la disposition des Caisses régionales,
n'est-ce pas une base superbe d'opérations qu'elle
apporte aux Sociétés naissantes ? Et c'est précisément cette générosité que l'on a surtout atta-
quée ; ce socialisme d'Etat qui donne aux pouvoirs

publics le droit et le devoir de s'immiscer, d'intervenir dans les problèmes sociaux a effrayé certains esprits. Oui, l'Etat doit bien se garder d'étouffer l'initiative individuelle, mais il ne doit pas s'en rapporter uniquement à elle, se reposer complètement sur elle, car elle est trop faible et trop lente. Il doit, au contraire, la stimuler et l'aider, hâter par des lois positives l'évolution sociale, assurer cette transformation, en prévenir les déviations et en faciliter par tous les moyens les progrès. « La vérité du progrès social consiste dans le concours, à la fois moral et financier, largement prêté par l'Etat aux efforts combinés de l'initiative individuelle et de l'association libre. » L'intervention énergique, puissante, rapide de l'Etat s'imposait ici : la loi de 1894 avait donné le jour aux petites Sociétés locales. Abandonnées immédiatement à elle-mêmes, faibles et sans ressources, elles auraient vite succombé. L'Etat devait les prendre sous sa protection, sous son aide, leur donner de quoi vivre ; il devait assurer la marche chancelante de ces Sociétés nouveaux-nées à travers les obstacles encore grandis par leur propre faiblesse, jusqu'à ce que leurs forces leur aient permis de marcher toutes seules dans la vie. Et, en intervenant, l'Etat n'a fait que ce qu'il devait faire.

Enfin, un dernier reproche a été fait aux Banques locales et régionales créées par les lois de 1894 et de 1899. On a dit qu'elles mettaient le petit agriculteur sous la dépendance étroite du grand propriétaire, bailleur de fonds tout indiqué de la petite Société locale. On a dit que ces Banques locales et régionales n'étaient qu'un moyen de favoriser les influences politiques et que ces Caisses agricoles se transformeraient, la veille des élections, en Caisses électorales.

Quand cela serait, quand même elles serviraient de tremplins politiques, faudrait-il s'en prendre à ces malheureuses Sociétés mutuelles qui n'en peuvent mais, ou bien à ceux qui les détournent de leur but? Serait-ce la faute de l'organisation de ces Banques, ou tout simplement celle de nos mœurs actuelles, déplorables si l'on veut, qui font que la politique se mêle de tout, s'immisce dans tout, et que rien de ce qui est humain ne lui est étranger?

Mais, d'ailleurs, on ne peut craindre de voir cette union disparate de la mutualité et de la politique : ce sont deux choses incompatibles, réfractaires l'une à l'autre. Pour une Société mutuelle, qui repose sur la concorde et l'union, laisser entrer dans son sein la politique, cet élément de dissensions et de discordes, c'est signer elle-même son propre arrêt de mort.

CHAPITRE V

Conclusion.

———

Nous avons vu l'œuvre législative. Voyons les
résultats.

Nous trouvons tout d'abord un groupe, le plus
ancien, composé d'une vingtaine de Sociétés coopératives fondées sous l'empire de dispositions de
la loi du 24 juillet 1867 sur les Sociétés anonymes
à capital variable et dont la Banque agricole
de Poligny, créée en 1887, est le type. Mais
ces Associations ne vivent et ne prospèrent, pour
la plupart, que grâce à l'aide et aux secours de
quelques généreux bienfaiteurs [1].

Un deuxième groupe se compose de Sociétés
coopératives de crédit agricole en nom collectif.
Les unes ne sont qu'une application pure et sim-

[1]. Voir Durand, *Crédit agricole*, p. 761 et suivantes.

ple du système Raiffeisen : ce sont les Caisses Durand. Les autres, tout en admettant le principe de la solidarité, ont constitué des parts sociales : ce sont les Caisses de M. Rayneri, directeur de la Banque populaire de Menton. Elles demandent aux sociétaires la constitution d'un petit capital et les invitent « à se constituer insensiblement un petit noyau d'épargne, qui est destiné à devenir le point de départ de l'amélioration économique de l'agriculteur ». — On compte environ 700 de ces Caisses rurales. Mais un arrêt regrettable du Conseil d'État, à la date du 24 décembre 1897, assujettissant ces Sociétés à la patente, vient d'amener la dissolution de quelques-unes d'entre-elles.

Enfin, nous arrivons au troisième et dernier groupe, comprenant les Banques agricoles régies par la loi du 5 novembre 1894. Malgré nos 2.300 Syndicats agricoles, nos Sociétés coopératives locales de crédit sont encore peu nombreuses et n'ont pas reçu un développement parallèle à celui de nos Syndicats. On en compte environ deux cents [1], et encore bien peu ont pu se constituer avec leurs seules ressources et par leurs propres forces. Dans les Alpes-Maritimes, dans les

1. Voir aux Annexes du Sénat, 1899, la statistique donnée par M. Lourties.

Bouches-du-Rhône, les Caisses de crédit n'ont été instituées que grâce aux subsides fournis par les Caisses d'épargne de ces départements. Dans la Charente, la Charente-Inférieure, le Jura, les Basses-Pyrénées, le capital de ces Sociétés a été entièrement prélevé sur les sommes revenant à ces départements sur les fonds de secours alloués aux victimes de la sécheresse de 1893. Les conseils généraux de ces départements, ayant rencontré de grandes difficultés dans la répartition de ces secours, avaient jugé plus convenable de les employer à la constitution de Sociétés de crédit agricole mutuel.

Pourquoi donc ce peu de développement des Sociétés coopératives, malgré nos dispositions législatives, malgré le concours pécuniaire et moral de l'État, malgré le déploiement d'une grande somme d'efforts individuels ?

Certains expliquent ce fait en disant que l'agriculteur français est lent à apprécier les bienfaits du crédit coopératif, parce qu'il n'en sent pas le besoin pressant, parce qu'il ne souffre pas beaucoup de l'usure. Cette dernière est peut-être moins répandue chez nous qu'en Allemagne, qu'en Italie, mais elle n'en existe pas moins. On ne s'en aperçoit pas, parce que nos paysans se cachent avec un soin jaloux pour emprunter et qu'ils aiment mieux souffrir en silence que d'avouer qu'ils sont

la proie des usuriers. Combien par exemple de
nos petits banquiers ruraux ne sont que des usuriers déguisés ! Et les ravages exercés par l'usure
en France, pour n'en être que plus discrets, n'en
sont pas moins terribles.

La véritable cause du peu de succès des Sociétés coopératives, de leur multiplication si lente,
est dans les innombrables difficultés auxquelles on
se heurte à chaque instant, lorsqu'on veut fonder
une Société de crédit agricole mutuel.

On se heurte en premier lieu au paysan lui-
même, à sa routine et à son entêtement, à son
inertie et à son amour du *statu quo*, à sa méfiance
pour toutes les innovations, à sa répugnance ins-
tinctive pour les banques et leurs opérations qu'il
ne comprend pas. Les idées de progrès sont len-
tes à pénétrer dans les masses. Ce n'est pas du
jour au lendemain qu'on peut faire l'éducation
économique de nos paysans. Il faut du temps,
beaucoup de temps.

Il faut ensuite recruter le personnel de ces Sociétés locales. Certaines connaissances en affaires, en
comptabilité commerciale sont nécessaires. Et l'on
devra trouver un homme dévoué, intelligent, qui
acceptera de prendre en mains la direction de ces
banques mutuelles, qui voudra leur consacrer son
temps et ses efforts, et cela, autant que possible,
sans être rémunéré, car autrement les frais d'ad-

ministration engloutiraient les faibles ressources
de ces petites Sociétés locales.

On a aussi à tenir compte des divisions créées
par la politique, des coteries locales qui existent
dans nos plus petits hameaux. Dans chaque village,
il y a le parti de M. le maire et le parti contre le
maire ; entre ces deux camps ennemis, toute entente
est impossible, même pour une œuvre d'intérêt
général. Si le maire se met à la tête d'un mouvement pour la formation d'un Syndicat ou d'une
Société de crédit agricole mutuel, l'opposition
s'abstiendra inévitablement et fera même tout son
possible pour lui faire échec en l'empêchant de
mener à bien son œuvre. Les rivalités de clocher
sont terribles, irréductibles. Il faudra détruire cet
esprit de division qui règne dans nos campagnes,
montrer à nos paysans que la haine est stérile et
que seules sont créatrices la concorde et l'union.

Et une fois ces Sociétés formées, il faudra soi-
gneusement en exclure la politique, cette source
de divisions, de ruines et de mort.

Il se présente enfin à surmonter une dernière
difficulté d'ordre financier : le manque d'argent.
Car, lorsque la Société de crédit mutuel aura été
constituée, où trouvera-t-elle les fonds de roulement qui lui sont nécessaires ? Elle ne pourra les
trouver en elle-même, car, dans ses membres, il
n'y aura que des emprunteurs et pas de prêteurs.

Il lui faut emprunter ; mais trouvera-t-elle des prêteurs ? Croit-on que parce qu'on a associé exclusivement des hommes qui, par leur situation, par
leurs propres ressources, ne peuvent obtenir du
crédit, croit-on qu'ils vont se le procurer plus
aisément ? Est-ce en associant leurs misères qu'on
espère leur faire obtenir la richesse ?

Les Sociétés de crédit, si elles doivent avoir
quelques fonds en dépôt, ont surtout pour but de
donner aux intéressés la possibilité d'emprunter.
Et ce but, on peut l'atteindre : on n'a qu'à regarder les résultats merveilleux obtenus en Allemagne, en Italie. Mais pour cela, il faut rassurer les
prêteurs, leur inspirer confiance : il faut admettre
la solidarité illimitée.

Il n'y a qu'un moyen d'obtenir du crédit : c'est
de donner des garanties soit réelles, soit personnelles, suffisantes pour calmer les craintes des
capitalistes. Il faut donner ou la garantie d'un
capital social ou la garantie de personnes solidairement responsables sur tous leurs biens ; il n'y a
pas de moyen mixte : on ne peut créer de Société
à responsabilité limitée sans capital social.

Il est très simple d'offrir en garantie un capital
social, mais encore faut-il qu'il soit considérable
pour rassurer les prêteurs. Et pour former ce
capital, il faut alors exiger des membres de la
Société des versements qui ne sont pas à la portée

de toutes les bourses. La Société, dans ce cas, ne s'adresse qu'aux classes riches, aisées et laisse de côté les plus pauvres, les plus déshérités, ceux qui précisément ont le plus besoin de crédit et ceux à qui on doit venir le plus en aide. Si l'on veut créer une Société de crédit agricole qui puisse rendre des services aux plus humbles de nos cultivateurs, il faut admettre la responsabilité illimitée. Les prêteurs sont rassurés à cause de cette solidarité qui leur donne en gage tous les biens des sociétaires, qui, unissant étroitement les intérêts des débiteurs, les intéresse directement à ne faire que des opérations de tout repos, qui diminue les chances de pertes et assure ainsi la réalisation de bénéfices permettant de payer les intérêts et de rembourser le capital.

Certes, c'est un mot effrayant que ce mot de solidarité! Et l'on se demande s'il se trouvera un paysan qui voudra faire partie d'une Société dont il sera tenu solidairement et indéfiniment de payer les dettes. Ceux qui ne possèdent rien et qui par conséquent ne risquent rien, pourront seuls, semble-t-il, s'offrir le luxe d'entrer dans ces Sociétés; la prudence la plus élémentaire poussera ceux qui ont quelques biens à s'abstenir de ces associations dangereuses.

Les dangers de cette responsabilité illimitée ne sont cependant qu'illusoires. Cette solidarité, sujet d'effroi pour nos paysans, devrait au contraire les rassurer, car c'est une garantie de la stabilité parfaite de la Société, de sa bonne gestion, de son succès. Chacun a intérêt immédiat, et cela délie toutes les langues, à ce qu'on ne fasse des prêts qu'à des personnes dignes de ce crédit et que pour des œuvres vraiment utiles. Ces Sociétés seront forcément sages et prudentes, n'agiront qu'en toute sécurité; leurs pertes, d'ailleurs couvertes par la réserve imposée par la loi, seront presque nulles; leur faillite ou leur liquidation rendues presque impossibles. On n'aura jamais à appliquer les règles de la solidarité. Enfin, le cas échéant, les paysans qui forment ces Sociétés de crédit mutuel, sont en majorité capables de payer leur quote-part des dettes. Ils ont tous quelque chose, soit des terres, soit du bétail, soit des instruments agricoles; ils ont tous un capital, si petit soit-il, offrent tous une certaine surface.

La solidarité, de loin, est quelque chose d'effrayant; de près, ce n'est rien. Ce n'est qu'un simple épouvantail : nos paysans s'habitueront vite à sa vue et se familiariseront rapidement avec lui.

Il suffit de prêcher d'exemple pour réduire à néant cette peur de la solidarité. Qu'un riche propriétaire, connu et estimé de tous, s'inscrive le premier comme membre d'une de ces Banques à responsabilité illimitée ; il entraînera à sa suite tous les petits cultivateurs, qui se diront que, puisque ce riche consent à engager toute sa fortune, l'œuvre doit être sûre, de tout repos. Il n'y a qu'à donner le premier mouvement, l'élan ; que quelques agriculteurs s'unissent pour fonder une de ces Sociétés : les autres viendront peu à peu. Qu'une de ces Sociétés soit créée ; autour d'elle germeront tout naturellement d'autres Sociétés semblables.

Qu'on ne dise pas que tout ceci n'est qu'illusion, que fausses espérances, que le paysan ne veut pas et ne voudra jamais de cette solidarité. Regardons ce qui s'est passé en Allemagne : la loi du 1ᵉʳ mai 1889, modifiant la loi du 4 juillet 1868, a autorisé les Sociétés à limiter la responsabilité des actionnaires. En 1894, sur 334 Sociétés fondées depuis la promulgation de cette loi, 296 ont préféré maintenir la solidarité! Quant aux Sociétés déjà existantes, 164 sur 3.746 ont voulu seulement bénéficier du nouveau texte législatif! Qu'on n'ajoute pas que le génie français est contraire, rebelle à la solidarité : ce sont des mots. Les esprits ne sont pas plus rebelles à cette responsabilité illimitée en France qu'à l'étranger ; ils n'y sont pas encore préparés, voilà tout ; il suffira de les habituer à cette chose nouvelle. Nous avons d'ailleurs, en France même, l'exemple de M. Louis

Durand, grâce auquel toute la région lyonnaise est aujourd'hui couverte de Sociétés à responsabilité illimitée.

Les difficultés qui naissent de la méfiance des paysans, du recrutement du personnel des Sociétés locales, des divisions nées de la politique, du manque d'argent, sont nombreuses et grandes. Grandes aussi devaient être les efforts pour les vaincre. La France, heureusement, toujours riche en hommes de cœur et de dévouement, a elle aussi ses apôtres de la coopération, qui vont semant dans les campagnes la bonne parole et faisant sous leurs pas germer de terre des floraisons inattendues de Sociétés mutuelles. Et le nombre de ces Sociétés va toujours croissant, grâce à l'inépuisable énergie d'hommes tels que MM. Durand, R.-P. Ludovic de Besse, Rayneri, Rostand et bien d'autres encore.

Car, si nous avons des lois permettant d'organiser le Crédit agricole, stimulant l'initiative individuelle, facilitant sa tâche, si l'État a apporté son concours moral et financier, c'est à l'individu d'agir et de se servir des moyens qu'on lui apporte. C'est à l'initiative individuelle de ne pas laisser ces lois dormir en paix un éternel sommeil; c'est à elle de les porter jusqu'aux fonds les plus reculés de nos campagnes, de les faire comprendre et apprécier des populations rurales, de les

vulgariser, de les mettre en pratique enfin. C'est
à elle de féconder l'œuvre législative, par elle-
même impuissante, et de lui faire porter tous les
fruits qu'on est en droit d'attendre d'elle.

L'œuvre à accomplir est belle et mérite tous les
efforts, tous les dévouements qu'elle a suscités.

Créer des Sociétés coopératives de crédit agricole, c'est donner à nos cultivateurs le crédit qui
leur est si nécessaire et le leur donner de façon à
ce qu'il leur soit vraiment utile. Certes, il ne faut
pas regarder le crédit comme une panacée universelle de tous les maux dont ils souffrent; il ne faut
pas espérer pouvoir, avec ce mot magique de
« Crédit agricole », bouleverser et changer du
jour au lendemain notre culture, rendre la vie et
la force à l'agriculture agonisante; il ne suffit pas
de combattre la routine de nos paysans, de leur
faire connaître les innovations et les découvertes
de la science agricole et de leur fournir les moyens
pécuniaires de les appliquer; il ne leur suffit pas
de savoir et de pouvoir. Car nombreuses et diverses sont les causes du malaise de l'agriculture;
nombreux et divers doivent être par conséquent
les remèdes. L'impôt foncier est là qui pèse lourdement sur les campagnes; les droits de mutation
sont là qui empêchent la rapide circulation des
biens immobiliers : il faut refondre ces lois fisca-
les, non pas pour favoriser l'industrie agricole,

mais seulement afin de la mettre sur le même pied d'égalité que les autres industries.

Il faut enfin protéger par des tarifs douaniers le paysan français contre la concurrence des pays neufs, de l'Amérique, de l'Australie, qui, grâce à leur coût de production minime, grâce à l'abaissement des prix de transports, viennent faire sur nos marchés une baisse désastreuse. Mais il n'en est pas moins vrai que le manque de capitaux est une des causes sérieuses et importantes du mal dont souffre l'agriculture. Et procurer le crédit au cultivateur, c'est diminuer ses souffrances, améliorer sa situation, c'est lui apporter un nouveau bien-être; c'est rendre à nos campagnes une ère de prospérité qui leur rappelleront les beaux jours passés.

Créer des Coopératives, c'est permettre aux ouvriers de la terre de s'unir, de s'organiser, tout comme les ouvriers de l'industrie; c'est leur permettre de prendre conscience de leurs forces, de s'ériger en puissance, de parler haut pour faire valoir leur droits; c'est faire de leurs plaintes et de leurs réclamations jusqu'ici isolées, faibles et sans forces, une puissante et imposante clameur.

Créer des Coopératives, c'est arracher les paysans à leur égoïsme stérile, ou du moins, car longtemps encore l'intérêt sera le mobile de toutes nos actions, c'est leur apprendre à rattacher à leurs intérêts ceux d'autrui ; c'est les rendre plus aptes à comprendre les œuvres d'utilité générale.

Créer des Coopératives, c'est moraliser les campagnes par les habitudes de travail et d'épargne que donnent ces Sociétés, « par l'habitude de la mutualité, de la confiance, du respect de la parole donnée et reçue ».

Créer des Coopératives, c'est enfin rapprocher les classes, faire naître entre elles des relations cordiales et intimes, leur permettre de s'apprécier et de s'aimer. C'est unir le faible et le fort, le pauvre et le riche. C'est atténuer cette vieille et antique haine des gras et des maigres, empêcher la guerre sociale, la guerre des classes de pénétrer dans nos campagnes ; c'est, pour les populations rurales, donner une solution à cette question menaçante du capital et du travail. C'est résoudre ce problème social gros de tonnerres et d'éclairs, et transformer en une pluie fécondante et régénératrice un orage qui ne promettait que ruines et dévastations !

BIBLIOGRAPHIE

Annales de droit commercial, 1889, p. 177; 1893, p. 317;
    1894, p. 237.

ANGIADE (d'). — Du crédit agricole personnel et mobi-
    lier. (Thèse). — Bordeaux, 1897.

Annuaire de l'économie politique.

Annuaire de législation étrangère, 1892.

BELIN. — Du crédit agricole mobilier. (Thèse). — Paris,
    1890.

BLONDEL. — Le mouvement rural en Allemagne. Revue
    politique et parlementaire, 10 déc. 1899.

Bulletin mensuel de l'union des Caisses rurales et ouvrières
    à responsabilité illimitée. — Lyon, *passim*.

CAUWÈS. — Cours d'économie politique. — Paris, 1893.

CHABROL. — Du crédit mutuel et coopératif. (Thèse). —
    Paris, 1896.

DURAND (Louis). — Le crédit agricole en France et à
    l'étranger. Chevalier Marescq. — Paris 1891.

Economiste français (l'). 1894 et *passim*.

GIDE. — Principes d'économie politique, 6ᵉ édition. — Paris, Larose.

JEANNENEY. — Du crédit agricole mobilier. (Thèse). — Besançon, 1889.

Journal des économistes, 1895, t. II et *passim*.

Journal officiel, *passim*.

LEROY-BEAULIEU. — La coopération : Revue des deux Mondes, 13 déc. 1893.

Lois nouvelles, avril 1895.

MABILLEAU. — La prévoyance sociale en Italie. 1898. — Paris. Colin.

Monde économique (le), 1894, t. I, p. 11; t II, p. 400, 429, 458.

RAYNERI. — Manuel des banques populaires. — Paris, Guillaumin, 1892.

Revue des deux Mondes, 1ᵉʳ juillet, 1881.

ROSTAND. — L'action sociale par l'initiative privée. — Paris. Guillaumin, 1892.

ROSTAND. — La réforme des caisses d'épargne françaises.

Réforme sociale, octobre 1894 et *passim*.

Revue d'économie politique, 1887, p. 216 et 590; 1888, p. 45 et 464; 1889, p. 473; 1892, pp. 855, 967 et 1167; 1896, p. 161.

Revue des institutions de prévoyance, 1888 et *passim*.

Revue de la prévoyance et de la mutualité, 1899.

STANLEY JEOMS — Économie politique, traduit par Gravez, 7ᵉ éd.   Paris, Alcan.

TOUILLON. — Le crédit agricole. (Thèse). — Paris, 1893.

VAVASSEUR. — Traité des Sociétés civiles et commerciales.

VALLEROUX (Hubert). — Les Associations coopératives en France et dans les principaux pays étrangers.

WALRAS. — Les Associations populaires.

ZOLLA. — Questions agricoles d'hier et d'aujourd'hui. — Paris, Alcan, 1894.

Vu : *Le président de la thèse*,
Louis FRAISSAINGEA.

Vu : *Le Doyen*,
J. PAGET.

Vu et permis d'imprimer :

Toulouse, le 7 avril 1900.

Le Recteur,

Président du Conseil de l'Université,

PERROUD.

TABLE DES MATIÈRES

RED. :

MIRE ISO N° 1
NF Z 43-007

AFNOR
Cedex 7 - 92080 PARIS-LA-DEFENSE

graphicom

www.ingramcontent.com/pod-product-compliance
Lightning Source LLC
LaVergne TN
LVHW050621060726
842527LV00004B/1139